인생에 한번

금강경을 읽어라

일러두기

1. 이 책은 월운스님께서 1993년 불교방송에서 법문하신 '금강경 강의'을 편집한 것입니다.

2. 월운스님의 금강경 강의 원본 육성은 유튜브에서 '월운스님의 알기 쉬운 금강경 입문'이란 제목으로 검색해서 들으실 수 있습니다.

3. 금강경 경문의 우리말 번역은 1977년 간행된 김월운 저, 『금강반야바라밀경 강화-정상의 지혜』(동양출판사)에 수록된 운허스님 번역을 따랐습니다.

4. 월운스님 강의 취지를 살려 소명태자의 32분을 기준으로 선현기청분부터 능정업장분의 16분은 상편-진공(眞空)으로, 구경무아분부터 응화비진분 16분은 하편-묘유(妙有)로 편제했습니다.

5. 본문의 목차는 수보리의 6가지 질문을 토대로 소명태자의 32분과 세친스님의 27단의(段疑)를 병합해서 구성했습니다.

■ 월운스님의
■ 금강경강의

인생에 한번 금강경을 읽어라

| 발간사 |

　이 책은 월운스님께서 1993년 불교방송에서 법문하셨던 '금강경 강의'를 편집한 것입니다. 당시 스님의 금강경 강의는 불교방송의 라디오 채널을 통해 방송되었고, 많은 사람들에게 금강경 공부 열풍을 일으켜 강의 테이프가 3,000 세트 넘게 팔리기도 했습니다.

　스님의 금강경 강의 특징은 수보리가 여쭈었던 6개의 질문을 중심으로 소명태자의 32분을 상편과 하편으로 나누어 보자는 것입니다. 이렇게 본다면 상편 16분은 진공(眞空) 도리를 설했고, 하편 16분은 묘유(妙有)의 도리를 설한 것임을 알 수 있습니다. 금강경이 단지 세상의 공함을 설한 것이 아니라 공을 요달(了達)한 뒤 어떻게 수행해야 하는가를 설하고 있다는 것이 요지입니다.

『금강경』에는 부처님께서 당신의 설법을 '뗏목'처럼 여기라는 구절이 있습니다. 이 책의 법문을 뗏목삼아 많은 사람들이 불교의 깊은 세계와 만난다면, 그 또한 불보살의 은덕에 보답하는 일이라고 생각합니다. 마침 상좌 혜문이 불교방송의 금강경 강의 30년을 맞아 정리해서 발간하자고 청하기에 책으로 편집하게 되었습니다.

출간에 이르기까지 여러모로 애써주신 여러분들에게 감사드리며, 이제 곧 백세를 바라보시는 스님의 건강하신 모습을 더욱 오래 뵙게 되기를 부처님께 기도드립니다.

2023년 3월
월운문도회 향림회장 철안 합장

| 목차 |

발간사 4   프롤로그 10   참고문헌 15

상편 - 진공(眞空)

I 서분

01. 법회인유분(法會因由分)   20
    이 경이 생긴 동기

첫번째 질문: 보살의 공부하는 방향

02. 선현기청분(善現起請分)   27
    수보리 존자가 수행하는 법을 묻다
03. 대승정종분(大乘正宗分)   34
    대승의 올바르고 으뜸가는 가르침
04. 묘행무주분(妙行無住分)   41
    묘한 행은 머무는 데가 없다
05. 여리실견분(如理實見分)   47
    진리 그대로 보라

II 정종분

두번째 질문: 믿음을 권하다(擧科勸信)

06. 정신희유분(正信希有分)   55
    그토록 깊은 법을 누가 믿으랴?
07. 무득무설분(無得無說分)   64
    얻을 수도 없고 설할 수도 없다
08. 의법출생분(依法出生分)   69
    법에 의해 출생한 말씀

09. 일상무상분(一相無相分)   76
    네 가지 상은 일상(一相)이어서 무상(無相)하다
10. 장엄정토분(莊嚴淨土分)   89
    청정국토를 장엄한다
11. 무위복승분(無爲福勝分)   95
    무위의 복을 따르니 복이 수승하다
12. 존중정교분(尊重正教分)   98
    올바른 가르침을 존중한다

세번째 질문: 믿음을 세움(因勸立信)

13. 여법수지분(如法受持分)   103
    여법하게 받아 지닌다

네번째 질문: 이해를 일으킨다(因信起解)

14. 이상적멸분(離相寂滅分)   111
    상을 여의어서 적멸하다
15. 지경공덕분(持經功德分)   127
    경을 지니는 공덕
16. 능정업장분(能淨業障分)   132
    능히 업장을 맑힌다

하편 - 묘유(妙有)

다섯번째 질문: 증득해 들어가다(因解行入證)

17. 구경무아분(究竟無我分)   138
    끝까지 무아이다
18. 일체동관분(一體同觀分)   152
    모든 것을 한 바탕으로 똑같이 본다
19. 법계통화분(法界通化分)   157
    온 법계를 통 털어 교화한다
20. 이색이상분(離色離相分)   160
    색을 떠나고 상을 떠난 자리
21. 비설소설분(非說所說分)   164
    부처님도 부처님이 설한 법도 없다

여섯번째 질문: 부처님께서 깨달으신 세계

22. 무법가득분(無法可得分)   177
    어떤 법도 얻을 수가 없다
23. 정심행선분(淨心行善分)   181
    깨끗한 마음으로 선을 행한다
24. 복지무비분(福智無比分)   185
    복과 지혜가 견줄 수 없이 많다
25. 화무소화분(化無所化分)   190
    교화 하실 분도 받을 분도 없다

26. 법신비상분(法身非相分)   194
　　　법신은 상에 있지 않다
27. 무단무멸분(無斷無滅分)   199
　　　단도 없고 멸도 없다
28. 불수불탐분(不受不貪分)   204
　　　받아들이지도 않고 탐하지도 않는다
29. 위의적정분(威儀寂靜分)   209
　　　위의가 매우 적정하시다
30. 일합이상분(一合理相分)   215
　　　일합의 이와 상을 말한다
31. 지견불생분(知見不生分)   220
　　　지견을 내지 말라
32. 응화비진분(應化非眞分)   226
　　　응신과 화신은 참이 아니다

III 유통분　234

결어　236
편집후기　239

| 프롤로그 |

　　금강경은 대한불교조계종의 소의(所依)경전입니다. 불교의 종파가 이루어지기 위해서는 의지하는 경전이 필요한데, 이를 소의경전이라고 합니다. 그 종파가 주장하는 논리의 근거가 되는 경전이란 뜻입니다.

　　경(經)은 부처님의 말씀입니다. 부처님께서 열반에 드신 뒤, 제자들은 부처님 말씀이 잘못 전해지는 것을 방지하기 위해 방법을 논의했습니다. 그때는 글자나 종이가 없었으므로 귀로 듣고 말하는 것이 유일하게 전달하는 방법이었습니다. 가섭 존자를 수장으로 돌아가신 그 해 7월 보름, 필발라굴(七葉窟)에 오백 명이 모여 경을 결집했습니다. 그때 기억력이 제일 좋은 아난 존자가 대중 앞에 나와 '내가 들은 바로는 무슨 경을 설하실 때에 이러이러한 일이 있었고 또 이렇게 질문하니까 이렇게 답을 하셨다'고 당시 상황에 대해 이른바 다큐멘터리식 진술을 했습니다. 그 말에 대해 모인 대중들이 이의가 없이 확인한 부분만을 경으로 확정했습니다. 이를 '제 1차 경전결집'이라고 부릅니다. 그 뒤에도 몇 차례 경전

결집을 통해 경율론 삼장(三藏)이 갖추어 지는데, 우리가 공부할 금강경도 일단 이러한 경전결집 과정을 통해 이루어진 경입니다.

전통적으로 부처님은 49년 동안 설법하셨다고 알려져 왔습니다. 천태 지자대사의 교관론에 의하면 부처님의 가르침(一代時敎)은 아함시, 방등시, 반야시, 법화시로 나눌 수 있습니다.

아함십이방등팔(阿含十二方等八)
이십일재담반야(二十一載談般若)
종담법화부팔년(終談法華復八年)
변어사십구년설 遍於四十九年說)

아함부 12년, 방등부 8년, 21년간 반야부를 말씀하시고, 마지막에 법화경을 8년 설하셨으니 총 49년설이 됩니다. 그런데 이 게송에 화엄경은 나오지 않습니다. 화엄경은 언제 설했느냐는 의문이 들게 되는데, 화엄경은 깨달으시자마자 그 깨달은 순간이 바로 설법하시는 시간이어서 시간도 공간도 요하지 않는 대법문이라고 합니다.

옛날 분들은 이에 의거해서 금강경은 법화경 전, 방등부 후에 설하신 반야부 경전이라고 봤습니다. 아함부는 대체로 선악인과(善惡因果)를 모르는 중생들을 위해 인과업보를 말씀하셨고, 방등부는 범부가 누구나 성불할 수 있다는 대승의 길로 접근해가는 내용입니다. 그런데 반야부에 들어오면서 성불하겠다는 생각까지도 버려야 된다는 이야기로 비약합니다.

반야부 경전에서는 공(空) 사상을 주로 다루고 있습니다. 공(空)은 아무 것도 없다는 뜻이지만, 아무 것도 없으니까 손 털라는 게 아니라 아무 것도 없는 자리에 '진정한 것'이 있다는 의미입니다. 예를 들어 거울에 티가 한 점도 없다고 할 때 거울까지 없다는 건 아닙니다. 하늘에 구름이 한 점도 없다는 이야기는 하늘까지 없어졌다는 이야기가 아닙니다. 티 없는 거울을 말하기 위해 '티가 한 점도 없다'고 말하고, 구름 없는 하늘을 이야기하기 위해 '구름 한 점도 없다'고 말한 것입니다. 반야부의 공(空)사상은 바로 이런 의미를 강조한 것입니다. 나쁜 생각도 버려야 하지만 좋은 일 했다는 생각도 버려야 하고, 나는 너보다 낫다는 생각, 나는 못났다는 생각 등도 버려야 합니다. 금강경의 공사상은 상(相)을 버리는 것이니, 구체적으로 말하면 사상(四相:아상, 인상, 중생상, 수자상)을 버리라고 했습니다.

금강경은 중국 '오호십육국(五胡十六國)'시대 구마라습이라는 분이 번역을 했습니다. 반야부 경전에는 대품반야(大品般若), 소품반야(小品般若), 방광반야(放光般若), 광찬반야(光讚般若), 도행반야(道行般若), 금강반야(金剛般若), 승천왕반야(勝天王般若), 문수반야(文殊問般若)의 여덟 가지가 있으므로 팔부반야(八部般若)라고 합니다. 팔부반야를 모두 묶으면 육백권이 되는데 그 가운데 금강반야가 내용이 제일 간결합니다. 그래서 아마 구마라습께서도 이것을 먼저 번역하셨을 것입니다. (육백부 반야중 다른 경전은 당나라 현장법사에 의해 완역) 구마라습의 금강경은 첫 번째 번역일 뿐만 아니라 중국어로 번역한 문장도 좋았기에 여러 가지 금강경 번역본 중 가장 널리 보급되었습니다.

금강경의 원제는 금강반야바라밀경(金剛般若波羅密經)입니다. 금강(金剛)은 사물가운데 가장 굳건한 것, 반야(般若)는 지혜, 바라밀(波羅密)은 도피안(到彼岸)- 저 언덕에 이른다는 뜻입니다. 풀어보자면 '금강같이 굳은 지혜로 저 언덕에 이르는 법이 설해진 경'이란 의미입니다. 교학의 입장에서는 금강(金剛)을 '견리명(堅利明)'으로 설명합니다. 견(堅)은 가장 견고해서 어떤 것에게도 부수어지지 않는 것, 리(利)는 어떤 물건도 베어낼 수 있는 날카로움, 명(明)은 어떤 어둠도 몰아낼 수 있는 밝음을 말합니다. 이 세요소를 갖춘 금강(金剛)의 기능적 측면을 반야(般若)라고 이름하므로 결국 금강은 비유이자 수식어고 반야가 주체가 된다고 할 것 입니다. 바라밀은 저 언덕에 이른다는 의미(到彼岸)입니다. 이 언덕은 생사의 언덕이고 저 언덕은 생사가 없는 언덕 즉 지혜로운 이가 태어나는 언덕이 됩니다.

종합하면 금강경은 '금강처럼 견리명(堅利明)한 지혜로 저 언덕에 이르는 말씀을 담은 경'이란 뜻이 됩니다. 경은 범어(梵語) '수다라(修多羅)'의 번역입니다. '수다라(修多羅)'는 원래 '실'이라는 의미로, 부처님 말씀의 순서가 바뀌지 않도록 꽃타래를 꿰고 있는 실같이 엮었다는 뜻에서 불경을 수다라라고 부르게 되었다고 합니다. 금강경은 예로부터 '넝쿨반야'라고 합니다. 다래넝쿨 칡넝쿨처럼 얼기설기 얽혀있다고 해서 금강경에 붙은 별명입니다.

인도에서 금강경을 대표적으로 연구한 분은 무착스님, 세친스님입니다. 두 분은 형제분인데 무착은 형님이시고 세친은 동생입니다. 무착스님은 금강경 전체의 구조가 성덕(成德:공덕이 이루어지는 면으로 설해졌다)이라 하셨고, 동생 세친스님은 단혹(斷惑:미혹을 끊으라는 쪽에서 설해졌다)이라고 하셨습니다. 예를 들면 어떤 상황을 놓고 건강해졌다고 말할 수도 있고 병이 없어졌다고 말하는 것과 같습니다. 병이 없어지면 곧 건강해지는 것이요, 어둠이 없으면 곧 밝아지는 것입니다. 형님 되시는 무착스님은 금강경을 공덕이 이루어지는 관점에서 부처님 되는 법이요, 보살이 되는 길이라고 말했고, 동생 되는 세친스님은 부처가 되기 위해서는 어떤 번뇌도 없어야 되고, 보살이 되기 위해서는 어떤 집착도 없어야 된다는 쪽으로 금강경을 이야기한 셈입니다.

금강경은 달마대사와의 대화로 유명한 중국 양무제의 아들인 소명태자가 32분으로 나누어 놓았습니다. 금강경이 중국으로 넘어왔을 때는 소단원 과목이 없었습니다. 소명태자는 금강경을 참 좋아 했는데 소단원으로 나눈 과목이 없는 게 아쉬워 자신이 직접 금강경을 32분으로 나누었습니다. 그래서 금강경 소단원을 '소명태자의 32분'이라고 합니다.

예전에 부족하나마 『금강경 강화』란 책을 출간한 적이 있습니다. 무착스님은 성덕(成德)의 입장에서 금강경을 '18단계'로 나누었고, 세친스님은 단혹(斷惑)의 입장에서 '27단'으로 나누었습니다. 이미 출판한 『금강경 강화』는 세친의 '27단의(段疑)'를 중심으로, 무착의 '18주처(住處)'를 곁들여 저술했습니다만 아무래도 입문자가 읽기에 좀 어렵고 번거롭지 않았나 하는 생각이 됩니다. 그래서 입문자들이 부담없이 들을 수 있도록 여기서는 '소명태자의 32분'을 중심으로 좀 더 쉽게 정리하게 되었습니다.

| 참고문헌 |

경전결집

봉선사 범어 연구소장 현진스님

부처님께서 열반에 드시자 모든 이가 슬픔에 젖었지만 마하가섭과 함께 유행을 떠났던 무리 가운데 나이 들어 출가한 수밧다는 "우리는 드디어 대사문으로부터 벗어났다. 이제부터는 우리가 좋아하는 것은 하고 좋아하지 않는 것은 하지 않을 수 있게 되었다"고 경망한 발언을 내뱉게 된다. 이에 위기감을 느낀 마하가섭의 주도로 부처님의 다비를 마친 후 바로 왕사성의 칠엽굴(七葉窟)로 옮겨 500명의 비구들이 함께하는 제1차 결집이 단행되었다.

제1차 결집으로 율장과 경장이 갖춰지게 되었다. 마하가섭이 '어디에서 누구에게 어떤 이유로 계율이 제정되었는가?'를 물으면 우바리 존자가 이에 답한 것이 율(律)이요, 역시 마하가섭이 '부처님께서 어디서 누구에게 무엇을 설하셨는가?'를 물으면 아난 존자가 답한 것이 경(經)이다.

그리고 우바리 존자와 아난 존자에 의해 답해진 것이 아라한들의 심의를 거친 후 참가자 전원이 합송함으로써 결집이 마무리 되었다. 결집(結集)은 범어 상기띠(saṁgīti, 함께[saṁ] 노래된 것[gīti])를 옮긴 말이다.

그렇다면 부처님 입멸 후 곧바로 경장과 율장의 결집은 어떻게 가능했을까? 우바리 존자와 아난 존자의 개인적인 기억력에 의존한 것이라기엔 지금까지 전해 내려온 빠알리 니까야 경전들이 다소 과도하게 다듬어진 문장들인 것은 쉽게 알아볼 수 있을 정도다. 이는 초기 경전에 속하는 '소나경(soṇa sutta)'에 소개된 다음의 내용을 통해 이해될 수 있는데, 이미 부처님 재세시(在世時)부터 경전의 체계화작업은 진행되고 있었음을 알 수 있다.

소나(soṇa)는 부처님 당시 서인도 아완띠에서 전법활동을 하던 마하깟짜나 장로의 제자이다. 그는 수차례 출가의지를 피력한 끝에 어렵게 장로 밑으로 출가하여 열심히 수행하였는데, 얼마 후 장로의 허락을 얻어 사위성으로 가서 부처님을 직접 찾아뵐 기회를 갖게 되었다. 부처님께선 아난으로 하여금 멀리서 온 손제자에게 모든 편의를 제공토록 하였는데, 어느 날 새벽 부처님께선 자리를 함께 한 소나에게 그 동안 배운 법을 설해보도록 하자 소나는 주저하지 않고 긴 게송을 독송하였다고 한다. 이를 들은 부처님께선 자신의 가르침이 한 곳도 틀리지 않은 채 그대로 암송되는 것을 듣고는 대단히 기뻐했다고 하는데, 그 게송이 초기 경전에 속하며 지금도 전하는 '숫따니빠따'의 제4장 '앗타까악가' 부분이라고 한다.

부처님께선 35세에 깨달음을 이루시고 80세 입멸하시기까지 45년간 설법과 교화활동을 펼치셨는데, 그 가운데 후반기인 50세 후반부터 24년 동안 쉬라바스티의 기원정사 한 지역에 머무시며 중부와 상응부 경전의 절반 이상을 설하시고 또한 설하신 법을 체계화하는 작업을 진행하셨다고 한다. 20여년이 넘는 이러한 체계화의 큰 초석이 있었기에 소나 같은 손제자가 있을 수 있었고, 당신의 입멸 겨우 두 달 뒤에 가진 1차 합송은 별다른 무리 없이 7개월 만에 무난히 회향될 수 있었을 것이다.

경전의 결집이 문자를 통한 기록물에 의해서가 아닌 구전(口傳)을 통해서 이뤄졌다는 것은 이미 잘 알려진 사실이다. 불교경전이 문자로 기록된 것은 불멸 후 수백 년이 지난 서력기원전 1세기경에 스리랑카에서 빠알리어로 된 니까야가 최초이며, 1~2세기경엔 간다라 지역에서 혼성범어로 된 필사본이 그 뒤를 이을 정도이다.

인도문화의 구전 전통은 불교에 국한된 것이 아니다. 불교 이전의 브라만교에서 절대존재로 여기는 브라흐만의 고귀한 가르침을 인간 가운데 성인인 르시(ṛṣi)가 이를 알아듣고 기억한 것을 구전으로 전승해온 것이 바로 브라만 최고의 경전이 베다(veda)이다. 아직까지 문자가 없거나 필기구가 없거나 종이류가 없어서가 아닌, 최고신의 가르침을 있는 그대로 전하기 위한 노력이었는데, 불교에서도 그대로 답습한 셈이다.

상편

진공(眞空)

I 서분

01. 법회인유분

01

법회인유분
法會因由分

이 경이 생긴 동기

如是我聞 一時佛 在舍衛國 祇樹給孤獨園 與大比
여시아문 일시불 재사위국 기수급고독원 여대비

丘衆千二百五十人俱 而時 世尊 食時 着衣持鉢
구중천이백오십인구 이시 세존 식시 착의지발

入舍衛大城 乞食於其城中 次第乞已 還至本處
입사위대성 걸식어기성중 차제걸이 환지본처

飯食訖 收衣鉢 洗足已 敷座而坐
반사흘 수의발 세족이 부좌이좌

이와 같이 들었다. 어느 때 부처님께서 사위국(舍衛國) 기수급고독원(祇樹給孤獨園)에서 큰 비구(比丘)들 천 이백 오십 사람과 함께 계셨다. 그때 세존(世尊)께서 밥 때(食時)가 되자 가사(袈裟)를 수하시고 바리때를 드시고 사위성(舍衛城)으로 들어가시어, 그 성 안에서 밥을 비실 적에 차례로 빌어 빌기를 마치시고는 계시던 곳으로 돌아오셔서 진지를 잡수시고 나서 가사와 바리때를 거두시고 발을 씻으시고는 자리를 펴고 앉으셨다.

월운 노스님 강설

첫 번째는 법회인유분(法會因由分)입니다. 부처님 사후 경전을 결집할 때, 아난 존자는 '내가 들은 바로는 어떤 동기로 어떤 내용의 문답이 이루어졌다'고 회고록처럼 진술했고, 거기 모인 500명 대중의 확인과정을 거쳐 경이 이루어졌습니다. 요즘 연극 각본에 비하자면 내레이션이라고 하면 적절할 듯 싶습니다. 따라서 법회인유분은 부처님 말씀이 아니라 아난 존자께서 당시 상황을 서술한 말씀입니다.

첫머리는 여시아문(如是我聞)으로 시작하고 있습니다. 여시아문은 '이와 같이 내가 들었사오니'란 뜻입니다. 여시아문(如是我聞)이하 '이와 같이 들었다. 어느 때 부처님께서 사위국(舍衛國) 기수급고독원(祇樹給孤獨園)에서 큰 비구(比丘)들 천 이백 오십 사람과 함께 계셨다.'는 대목까지는 어느 경전이든지 중복되는 내용입니다. 이것을 교학(敎學)에서는 육성취(六成就)라고 부릅니다.

'이와 같이'는 신성취(信成就), '내가 들었다'는 문성취(聞成就), '이때'에는 시성취(時成就), '부처님께서'는 주성취(主成就), '사위국 기수급고독원'은 처성취(處成就), '큰 비구 천이백오십명'은 중성취(衆成就)에 해당합니다.

경전을 결집할 때 아난 존자가 자리에 올라 부처님 말씀을 외워내자 모인 대중들은
1) 부처님이 다시 나오신 것이 아닌가?
2) 다른 세계에 계시던 부처님이 오신 것이 아닌가?

3) 아난이 벌써 부처님이 된 것이 아닌가?

하는 의심을 했다고 합니다. 그때 아난이 '이와 같이 내가 들었다(如是我聞)'는 말을 하자 모두가 의심하던 것이 깨끗이 없어졌다고 합니다. 따라서 여시아문(如是我聞)은 아난 존자가 말을 꾸며낸 것도 아니고, 내가 부처님이 된 것도 아니고, 들은 대로 본 대로 이야기를 하겠다는 말입니다.

사위국(Srāvastī)은 다른 경에서는 간혹 실라벌(室羅伐)성이나 사위성으로 번역되어 있기도 합니다. 사위국이란 나라의 원래 이름은 코살라(Cosala)국입니다. 코살라국의 수도가 사위성이므로 수도의 이름을 따서 사위국으로 불리게 되었습니다. 당시 인도에는 코살라라는 나라가 두 개 있었기에 혼동을 막기 위해 남쪽에 있는 나라는 코살라국이라 하고, 북쪽에 있는 코살라국은 수도의 이름을 따라 사위국, 혹은 사위성, 실라벌성 이라 부른 것입니다.

기수급고독원은 기타 태자와 수달타 장자가 시주한 기원정사(祇園精舍)를 말합니다. 수달타 장자는 고독한 사람에게 좋은 일을 많이 한 사람이어서 '급고독(給孤獨)'이란 별명을 얻었습니다. 수달타 장자는 기타태자의 동산을 사서 큰 절을 짓고 세존을 청하여 머물러 계시게 했습니다. 수달타 장자가 기타태자의 동산을 살 때, 땅은 수달타 장자가 값을 치르고, 나무는 기타태자가 시주했습니다. 그래서 기타태자와 수달타 장자가 시주한 절이란 뜻에서 '기수급고독원(祇樹給孤獨園)' 혹은 '기원정사(祇園精舍)'라 불렸습니다.

육성취 부분은 모든 경이 똑같이 되어 있으므로 이 부분을 통서(通序: 공통된 서론)라고 합니다. 경마다 통서는 같지만 그 밑의 사연이 조금 다른데, 이를 발기서(發起序)라고 합니다. 금강경은 그 때 세존께서 밥 때가 되어 옷을 입으시고 바릿대를 잡으시고 사위성에 들어가셔서 걸식을 하게 되는데, 그 성 안에서 사위성 안에서 차례차례로 걸식하시고 본처에 돌아와 이르르셔서, 밥을 잡수시기를 마치시고 의발을 거두시고 자리를 펴고 앉으셨습니다. 이게 말하면 금강경이 설해지게 된 동기, 발기서(發起序)입니다.

　부처님 교단에는 걸식하는 게 하나의 풍속입니다. 일곱 집에 들려 걸식해 오시는 것은 계(戒)이고, 자리를 피고 앉으시는 것은 정(定)입니다. 평상시 그 말 없는 일련의 한 토막에서 계와 정의 모습을 보이셨습니다. 그런데 문득 수보리 존자가 뛰쳐나와서 '부처님의 그러한 모습을 뵈오니 대단히 거룩하십니다.'하고 말문을 시작하게 됩니다.

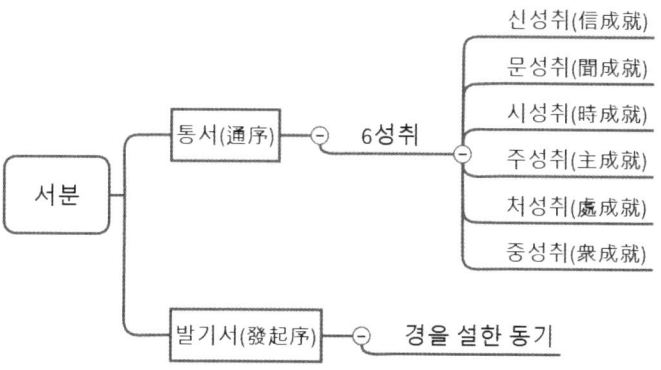

금강경 서분의 구조

II 정종분

첫번째 질문
보살의
공부하는 방향

02. 선현기청분
03. 대승정종분
04. 묘행무주분
05. 여리실견분

02

선현기청분
善現起請分

수보리 존자가
수행하는 법을 묻다

時 長老 須菩堤 在大衆中 卽從座起 偏袒右肩
시 장로 수보리 재대중중 즉종좌기 편단우견

右膝着地 合掌恭敬 而白佛言 希有世尊 如來
우슬착지 합장공경 이백불언 희유세존 여래

善護念諸菩薩 善付囑諸菩薩 世尊 善男子 善女人
선호념제보살 선부촉제보살 세존 선남자 선녀인

發阿耨多羅三藐三菩堤心 應云何住 云何降伏其心
발아뇩다라삼먁삼보리심 응운하주 운하항복기심

佛言 善哉善哉 須菩堤 如汝所說 如來 善護念諸
불언 선재선재 수보리 여여소설 여래 선호념제

菩薩 善付囑諸菩薩 汝今諦請 當爲汝說 善男子
보살 선부촉제보살 여금체청 당위여설 선남자

善女人 發阿耨多羅三藐三菩堤心 應如是住 如是
선녀인 발아뇩다라삼먁삼보리심 응여시주 여시

降伏其心 唯然 世尊 願樂欲問
항복기심 유연 세존 원요욕문

이 때 점잖은 수보리(須菩堤)가 대중 가운데 있다가 일어나서 오른 어깨를 벗어 메고 오른 무릎을 땅에 꿇고 합장(合掌)하고 공경히 부처님께 사뢰었다.

『희유(希有)하십니다. 세존(世尊)이시여, 여래(如來)께서는 보살(菩薩)들을 잘 염려하여 보호해 주시고(護念) 보살들을 잘 당부하여 위촉해 주십니다(善付囑). 세존이시여, 선남자(善男子)나 선녀인(善女人)이 아뇩다라샴막삼보리의 마음을 내고는 어떻게 머물러야 되며 어떻게 그 마음을 항복시키오리까?』

월운 노스님 강설

선현기청분(善現起請分)이란 '선현(善賢)'이 일어나서 법문을 청하는 대목이란 뜻입니다. '선현(善現)'은 금강경을 설하실 때 대화자로 삼았던 '수보리 존자'를 지칭하는데, '수보리(須菩堤)'는 산스크리트어로 '잘 나타난 분(善現)'이란 의미라고 합니다. 장로(長老)는 나이도 많고 덕도 높아 대중 가운데에 우두머리가 되는 분을 일컫는 말입니다. 운허스님께서는 장로 수보리를 '점잖은 수보리'라고 번역하셨습니다.

'수보리'가 '일어나서 오른 어깨를 벗어 메고' 이하는 스승께 무얼 여쭙기 위해서는 갖추야 될 일련의 다섯 가지 예법- 제자오례(弟子五禮)라고 합니다. 1)자리에서 일어나야 되고(即從座起) 2)요즘 가사(袈裟) 수(收)하듯이 오른 어깨를 빼 내야 되고(偏袒右肩) 3)오른 무릎을 꿇고(右膝着地) 4)합장하고(合掌) 5)공경하게 여쭙는 자세(恭敬)를 갖추어서 여쭈어야 됩니다.

수보리는 제자오례를 갖추고 "희유하십니다"하고 찬탄합니다. 희유(希有)라는 말은 '대단히 거룩하십니다', '놀랍습니다', '있는 일이 드물다'는 말입니다. 옛 사람은 이 대목을 해석할 때에 '무풍기랑(無風起浪)'이라고 했습니다. 바람도 없는데 괜히 파도를 일으켜서 골 아프게 만들어 놨다는 평가입니다. 부처님이 보통 때와 같이 걸식하시고 선정에 드셨는데, 그것이 뭐가 이상했기에 수보리 존자는 말문을 여셨을까요?

세존(世尊)은 부처님의 호칭입니다. 여래(如來)나 세존(世尊)은 모두 부처님을 가리키는 말로 우리가 부를 때에는 세존, 우리를 향해 부처님께서 말씀하실 때에는 통상 여래(如來)라고 표현합니다. 그래서 "세존(世尊)이시여, 여래(如來)께서는 보살들을 잘 염려하여 보호해 주시고"라고 그랬습니다.

　보살이라는 말은 곧 부처님이 곧 될 분이란 말로 범어로는 '보리살타(菩提薩埵)'라고 합니다. 보리는 깨달을 각(覺)으로 번역하고, 살타는 '유정(有情)'이라는 말로 '각유정(覺有情)'이라고 번역합니다. '각유정(覺有情)'은 '깨달은 중생', '깨달을 중생', '중생을 깨닫게 하는 이'란 뜻이 있습니다. '깨달은 중생'이란 범부의 기준에서 훨씬 깨달음이 크다는 뜻이고, '깨달을 중생'은 부처지위에 올라가야할 분이란 의미입니다. 깨달을 각(覺)을 동사로 본다면 '중생을 깨우쳐주는 이', '중생을 깨닫게 하는 이'란 뜻이 됩니다. '깨달을 중생'이란 말에는 자기도 공부를 더 해야 한다는 뜻이 두드러지고, '중생을 깨닫게 하는 이'란 말에는 '남을 제도하는 일'이 주가 됩니다. 또한 보리살타를 보리와 살타로 나누어 '보리를 구하고 중생을 구하는 이'라고 해석도 하기도 합니다.

　'선호념(善護念)'이란 잘 염려하여 보호해 주신다는 말입니다. 위태로운 일을 해나갈 때에 잘못되지는 않을까, 어린 꼬마가 유치원 가는데 신호등이나 잘 지킬까, 이런 것들이 염려되어 길가에서 깃발도 들어 주고 보호해 주는 행위입니다.

　'선부촉(善付囑)'은 당부하여 위촉해 주시는 겁니다. 당신이 가서 깃발을 들고 기다리는 일을 하지 못할 바에는 조금 철 난 놈들한테 잘 데리고 가라고 부탁하는 행위입니다. 즉 당신이 직접 따라가지 못하는 것을 다른 사람에게 대신하게 하시는 겁니다. 부처님은 모든 미련을 다 끊으신 분인데 보살들에 대해 선호념, 선부촉한다면 일반 세속인들이 유치원 가는 아들딸 사랑하시는 것처럼 애정이 남아있다는 것 아니냐하는 의문이 들 수 있습니다.

무착, 세친스님은 도솔천에 올라가 미륵보살을 만나 미륵님한테 금강경 게송을 직접 듣고 와서 왔는데, 여기에 선호념은 '가피신동행(加被身同行)'이라고 해서 애정의 발로가 아니라 중생들의 정도에 맞추어서 동행을 해 주는 것이라 했습니다. 즉 부처님께서 마음속의 자비심과 지혜를 중생들에게 되도록이면 다 전해주고 싶어서 애쓰는 노력을 선호념, 선부촉이라 했습니다.

선남자 선녀인은 아뇩다라삼먁삼보리의 마음을 낸 사람입니다. 아뇩다라삼먁삼보리는 한자로 번역하면 무상정등정각으로 위없고(無上) 바르고 평등하며(正等) 바르고 밝은 마음(正覺)입니다. 즉 일체중생 모두가 다 성불한다는 말씀입니다. 나도 성불하고 중생도 성불케 해야겠다는 마음을 내면 그게 바로 보살의 발심이지만 마음만 내고 결과가 없으면 무슨 소용이 있겠습니까? 결국 물은 주체는 아뇩다라삼먁삼보리의 마음을 낸 사람이고, 또 마음을 낸 사람을 위해서 "어떻게 마음을 머무르며 어떻게 그 마음을 항복시키면 유종의 미를 거둘 수가 있겠습니까?"라고 물은 셈입니다. 이 이야기는 수보리 존자 개인의 문제가 아니라 일신의 괴로움으로부터 해탈하려는 소승의 영역을 떠나서 일체중생과 더불어 성불하고자 하는 마음을 냈을 때 '헛수고가 되지 않으려면 어떻게 해야 되겠습니까?'라고 질문한 셈입니다. 대단히 장한 물음입니다.

사실은 부처님이 말씀은 없으시고 공양하시고 자리를 펴고 앉으신 그 자체가 무언의 설법이라고 해서 어떤 분은 금강경이 이미 자리를 펴고 앉으실 때에 끝났다 이랬습니다. 그런데 수보리 존자께서 괜히 말로 물어서 고상한 진리를 말로 설하는 그런 흠집을 냈다 이야기를 하고 있습니다만 결국 수보리 존자가 이런 질문을 하지 않았으면 말세 중생들이 보살의 진정한 말씀이 무엇이며 또 발심을 하고서 그 마음을 어떻게 머물러야 하며 그 마음이 잘못 나갈 때에는 어떻게 항복시켜야 하는가를 알 길이 없었을 것입니다.

부처님께서는 수보리의 질문에 대해 '좋은 말'이라고 대답하십니다. 사실 원래의 진리는 내가 그냥 자리 펴고 삼매에 드는 것이지만, 수보리가 말세중생에게 이익이 되는 중대한 사건을 아주 잘 물었다는 뜻입니다.

많은 분들이 금강경을 강의하거나 해석하면서 여러 의견을 내다 보니 다소 복잡해지는 경향이 있기도 합니다. 예를 들어 "응여시주 여시항복기심(應如是住 如是降伏其心)"같은 대목을 볼 때, 어떤 분은 '여시(如是)'란 단어에 의미를 많이 부여하는데 일단 너무 큰 의미를 부여하기 보다는 '다음과 같다'는 뜻으로 바라보는 것이 좋을 듯합니다. 마음을 낸 분은 어떻게 머물러야 합니까? 다음 이야기해 주는 대로 머물러라. 어떻게 항복시켜야 합니까? 다음 이야기해 주는 대로 항복시키라는 뜻입니다. 그러자 수보리 존자는 너무 좋아서 '예' 하고 짧게 대답합니다. 이 대목은 수보리가 청하기만 할 뿐 아니라 부처님이 앞으로 설해주실 것을 확답하는 그런 내용까지가 포함되어 있습니다.

수보리 존자의 질문은 어떻게 그 마음을 머무르며, 어떻게 그 마음을 항복시키는가의 두 가지입니다. 그런데 여기에 대한 부처님의 대답은 1) 어떻게 머무르는가, 2) 어떻게 수행을 해야 하는가, 3)머무는 일과 수행하는 일이 잘 안 될 때에는 어떻게 항복시켜야 되는가의 3가지로 구성돼 있습니다. 현장법사의 번역에는 질문도 3토막이고 부처님의 대답도 3토막으로 되어 있는데, 구마라습의 번역은 질문이 2토막입니다. 구마라습은 압축해서 번역하는 명수라고 하는데, 번역과정에서 3토막의 질문을 두 토막으로 압축시켰던 것으로 보입니다. 머무른다는 말이 그냥 머무른다고 한다면 이것은 그야말로 강가에 나룻배가 머물러 있듯이 아무런 의미가 없을 것입니다. 머물러 있기 위해서는 수행이 뒤따라야 하므로 구마라습은 머무른다는 말에 수행한다는 것을 포함시켰습니다.

대승정종분
大乘正宗分

03

대승의
올바르고 으뜸가는 가르침

佛告 須菩堤 諸菩薩摩訶薩 應如是降伏其心
불고 수보리 제보살마하살 응여시항복기심

所有一切衆生之類 若卵生 若胎生 若濕生 若化生
소유일체중생지류 약난생 약태생 약습생 약화생

若有色 若無色 若有想 若無想 若非有想非無想
약유색 약무색 약유상 약무상 약비유상비무상

我皆令入無餘涅槃 而滅度之 如是滅度無量無數
아개령입무여열반 이멸도지 여시멸도무량무수

無邊衆生 實無衆生 得滅度者 何以故 須菩堤
무변중생 실무중생 득멸도자 하이고 수보리

若菩薩 有我相 人相 衆生相 壽者相 卽非菩薩
약보살 유아상 인상 중생상 수자상 즉비보살

부처님이 수보리에게 말씀하셨다.

『보살 마하살이 응당 이렇게 그 마음을 항복시켜야 되나니, 이른바 세상에 있는 온갖 중생인 난생, 태생, 습생, 화생과 유색, 무색, 유상, 무상, 비유상, 비무상을 내가 모두 제도하여 무여열반에 들도록 하리라 하라. 이렇게 한량없고 끝없는 중생을 제도하되 실제로는 한 중생도 제도를 받은 이가 없느니라. 무슨 까닭이겠는가? 수보리야, 만일 어떤 보살이, 아상, 인상, 중생상, 수자상이 있으면 보살이 아니기 때문이니라.』

월운 노스님 강설

금강경에 수보리가 정식으로 물은 것이 여섯 번 있습니다. '선현기청분'은 그 첫 번째 물음으로 '대승정종분', '묘행무주분', '여리실견분'까지 이어집니다. '대승정종분(大乘正宗分)'은 수보리의 질문 중 마음 머무는 방법을 대답해주시는 내용입니다.

'대승정종(大乘正宗)'이라고 할 때 '대승(大乘)'은 모두가 성불하는 높은 가르침이고, '정종(正宗)'은 정통성, 골격, 알맹이란 말입니다. 다시 말하면 금강경의 알맹이가 되는 말이 여기에 들었다는 뜻입니다. 보살이 마음 머무는 법이라면 그게 바로 대승의 자세요, 골격이 될 것입니다. 소명태자가 32분을 나누면서 상당히 정확하게 잘 이름 지었다고 생각합니다.

부처님께서는 아뇩다라삼먁삼보리의 마음을 낸 보살을 '보살마하살-대보살'이라고 표현하고, 응당 다음과 같이 머물러야 한다고 지시하십니다.

첫째, 광대한 마음(廣大心)으로 온갖 중생을 모두 제도하려는 생각입니다. 중생의 여러 가지 종류를 다 묶어서 온갖 중생이라고 말씀하셨습니다. 온갖 중생은 태어나는 방식에 의해 난생, 태생, 습생, 화생의 4가지로 구별 됩니다. 난생은 알로 태어나는 생명, 태생은 태에서 나는 생명, 습생은 젖어 있는 습기(濕氣)에서 태어나는 생명, 화생은 먼지 같은 속에 묻혔다가 매미가 나오는 것처럼 변화하는 생명입니다. 천당이나 지옥에 가서 나는 경우입니다.

그 다음에는 빛깔과 생각의 있고 없음에 따라 유색(有色), 무색(無色), 유상(有想), 무상(無想)의 4가지로 구별됩니다. 색(色)이란 몸을 말하므로 유색은 몸을 가진 중생, 무색은 몸을 갖지 않은 중생입니다. 몸 없는 중생이 어디 있겠느냐고 할 수 있지만, 귀신같은 것은 전부가 무색중생이고, 사람이나 짐승처럼 눈으로 볼 수 있는 것들은 다 유색중생입니다. 유상, 무상은 생각이 있는 무리, 생각이 없는 무리입니다.

정체가 알쏭달쏭한 것을 성분에 따른 분류로 비유상, 비무상, 비유색, 비무색의 4가지가 있습니다. 비유상(非有想)은 생각이 있다고 할 수도 없는 것, 비무상(非無想)은 생각이 없다고 할 수 없는 것입니다. 비유색(非有色)과 비무색(非無色)은 허공이나 토목에 붙은 '토목공산(土木空山)'의 정령이므로 여기서는 언급하지 않았습니다. 이상에서 열거한 것을 십이류(十二類)중생이라고 부릅니다.

둘째, 으뜸가는 마음(第一心)입니다. 부처님께서는 모든 중생을 모두 제도하여 무여열반에 들도록 하리라고 하셨습니다. 일시적으로 기분 좋게 설렁탕이나 한 그릇 사 먹이고 선물이나 주고 끝나는 것이 아니라 모든 중생을 하나도 빼놓지 않고 무여열반, 성불의 경지에 이르도록 하겠다고 했으므로 이것을 제일심(第一心)이라고 합니다. 중생을 사랑한다면서 쩨쩨하게 속으로 이용할 마음을 먹거나 중생을 위해서 행동한다고 하지만 국회의원 당선되기 위해서 하는 일들은 제일심이 못 됩니다. 그저 끝까지 조금씩 그리고 최고의 경지까지 이르도록 하는 것이 제일심입니다.

셋째는 항상한 마음(常心)입니다. 한량없고 끝없는 중생을 제도하되 실제로는 한 중생도 제도를 받은 이가 없다고 하셨습니다. 한량없고 끝없는 중생이라고 했으므로 수량 같지만 실제로는 시간의 항상함이 강조됩니다. 광대한 마음과 으뜸가는 마음을 내었다가도 하루 이틀 하다 그만두면 소용이 없습니다. 그래서 영원토록 중생이 다하기까지 마음을 멈추지 않을 것이며, 중생을 다 제도할 때까지도 한 중생도 나에게 제도를 받은 이가 있다는 생각을 안 하겠다는 뜻입니다. 이만큼 좋은 일을 많이 했는데 그만해도 되지 않을까가 아니라 중생이 다할 때까지 아무리 많이 제도해도 한 중생도 나에게 제도 받은 이가 없다고 생각해서 갈 길을 멈추지 않겠다는 마음입니다.

넷째는 부전도심(不顚倒心)입니다. 나에게 제도를 받은 이가 있다고 생각하면 항상한 마음이 안 되므로, '제도 받은 이가 없느니라.'는 부분을 따로 띄어 내서 부전도심이라고 합니다. 긴장을 했다 긴장이 풀리면 탁 주저앉듯이 좋은 일을 하다가 '내가 좋은 일을 많이 했구나!'하면 멈추게 되므로 이러이러한 일을 했다는 생각을 버려야 됩니다.

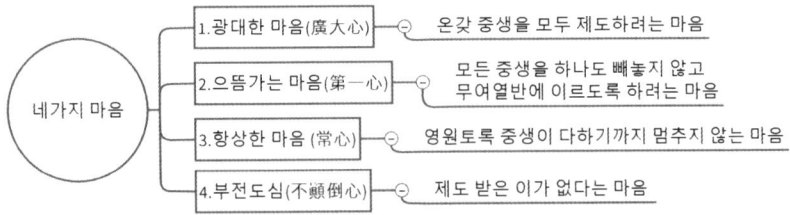

이렇게 위에서 말한 네 가지 마음을 항상 가지고 머물러야 한다고 말씀하십니다. 만약 이 네 가지 마음을 마음속에 두지 못한다면 그것은 무엇 때문일까요? 아상, 인상, 중생상, 수자상 때문입니다. 아상(我相), 인상(人相), 중생상(衆生相), 수자상(壽者相)은 한 마디로 말해서 '내로라' 하는 생각입니다.

1) 나를 내세우는 마음, 나라는 것이 있다든가, 나를 챙겨야 되겠다든가 이러한 나를 중심으로 생각하는 마음이 아상(我相)입니다. 나라는 생각이 있기 때문에 '내가 너보다는 잘 먹어야 한다, 내가 원래 너보다 똑똑한데 네가 잘난 체하다니 괘씸하구나.'처럼 '내로라'하는 생각 때문에 화도 내고 어리석은 마음도 내고 아첨도 하고 교만도 부리게 됩니다.

2) '내로라'하는 마음이 있음으로써 두 번째 생기는 것이 인상(人相)입니다. 인상은 '나는 사람이다'라는 생각입니다. 나는 짐승도 아니고 귀신도 아니고 당당한 사람이다. 이렇게 생각하는 것을 인상 그럽니다.

3) 중생상(衆生相)입니다. 어떤 분은 중생상은 '너는 짐승이다', '너 까짓 것은 중생이다'처럼 남을 얕보는 마음이라 하는데 그건 근거가 없이 짐작대로 하는 소리입니다. 중(衆)은 '여러 가지'라는 뜻이고, 생(生)은 살아간다는 뜻이므로, 중생상은 나는 여러 가지로 사는 사람이다'란 생각입니다. 즉 건강도 하고, 돈도 있고, 얼굴도 예쁘고 명예도 있고, 뭐 나이도 젊고 이렇게 자기가 있는 것을 최대한 믿는 마음, 자기의 소유나 지위에 대한 집착입니다.

4) 수자상(壽者相)은 '내가 계속 살아남는다.'는 생각입니다. 속담에 '하루 죽을 줄 모르고 열흘 살 것만 생각한다.'는 말이 있죠. 나는 언젠가 죽기는 죽지만 그렇게 빨리 죽으리라는 생각은 안 하죠. 자기의 어떤 수명이 고정되어 있으므로 좋은 일을 내일로 미룬다는 것은 잘못된 겁니다. 이처럼 사상(四相)이 있으면 결코 보살이 될 수가 없으므로 사상을 버리고 4가지 마음에 머무는 것이 아뇩다라삼먁삼보리의 마음을 완성시키는 방법입니다.

04

묘행무주분
妙 行 無 住 分

묘한 행은
머무는 데가 없다

復次 須菩堤 菩薩 於法 應無所住 行於布施 所謂
부차 수보리 보살 어법 응무소주 행어보시 소위

不住色布施 不住聲香味觸法布施 須菩堤 菩薩
부주색보시 부주성향미촉법보시 수보리 보살

應如是布施 不住於相 何以故 若菩薩 不住相布施
응여시보시 부주어상 하이고 약보살 부주상보시

其福德 不可思量 須菩堤 於意云何 東方虛空 可思
기복덕 불가사량 수보리 어의운하 동방허공 가사

量不 不也世尊 須菩堤 南西北方 四維上下 虛空
량부 불야세존 수보리 남서북방 사유상하 허공

可思量不 不也世尊 須菩堤 菩薩 無住相布施福德
가사량부 불야세존 수보리 보살 무주상보시복덕

亦復如是 不可思量 須菩堤 菩薩 但應如所敎住
역부여시 불가사량 수보리 보살 단응여소교주

『또 수보리야, 보살이 온갖 법에 대하여 마땅히 머물러 있는 생각이 없이 보시를 해야 하나니, 이른바 색에 머물지 않고 보시하며 성, 향, 미, 촉, 법에도 머무르지 않고 보시해야 하느니라. 수보리야, 보살은 이렇게 보시를 행하여 모양다리에 머물지 않아야 되느니라. 무슨 까닭이겠는가? 만일 보살이 모양다리에 머물지 않고 보시하면 그 복덕을 헤아릴 수 없느니라. 수보리야, 네 생각에 어떠하냐? 동쪽에 있는 허공을 생각하여 헤아릴 수 있겠느냐?』

『못하옵니다. 세존이시여.』

『수보리야, 남쪽, 서쪽, 북쪽과 네 간방과 위아래에 있는 허공을 생각하여 헤아릴 수 있겠느냐?』

『못하옵니다. 세존이시여.』

『수보리야, 보살이 모양다리에 머물지 않고 보시하는 공덕도 그와 같아서 생각하여 헤아릴 수 없느니라. 수보리야, 보살마하살은 이렇게 가르쳐 준대로만 머물지니라.』

월운 노스님 강설

묘행무주분(妙行無住分)은 묘한 행은 머무는 데가 없다는 뜻입니다. 앞에서 수보리 존자는 '어떻게 머무르며 어떻게 그 마음을 항복시키겠습니까?'하고 물었습니다. 부처님께서는 이에 대해 대승정종분에서 '머무는 방법'과 '수행하는 방법'으로 나누어 대답해주셨습니다. 머무는 일은 수행의 기점이고 수행은 머무름의 연속입니다.

선남자 선녀인은 광대한 마음, 으뜸가는 마음, 항상(恒常)한 마음, 전도되지 않은 마음에 머물러야 하고, 여기에 제대로 머무르기 위해서는 사상(四相:아상, 인상, 중생상, 수자상)이 없어야 한다고 일러 주셨습니다. 그렇다면 네 가지 마음에 머무른 보살이 구체적으로 어떻게 수행해 나가야하는 방법이 오지 않을 수가 없습니다. 즉 머무름이 없는 행을 행하라는 것입니다. 행한다는 티 없이 행하라는 얘기가 되겠습니다.

대승정종분에서 머무는 부분을 얘기하셨으므로 묘행무주분에서는 수행하는 부분을 말씀해주십니다. '부차(復次)'란 말은 '다시' 혹은 '다음에' 그런 말입니다. 머무르는 마음에 대한 얘기를 마치시고 또 하나가 있다고 해서 부차란 말을 쓰셨습니다. 보살은 아뇩다라삼먁삼보리의 마음을 낸 선남자 선녀인을 말합니다. 여기서 말하는 법은 부처님의 말씀뿐만 아니라 우주의 모든 사물을 의미하기도 합니다. 법이란 단어는 물 수(水)와 갈 거(去)의 결합으로 물이 흘러가듯 우주 만물이 자기 질서를 유지하면서 생성 변화해 나가는 것을 말합니다. 부처님께서는 착한 법, 나쁜 법, 세간법, 출세간법 등에 대해 분별없이 보시를 행하라고 하셨습니다.

부처님 당시의 제자중 가섭 존자는 탁발 나가실 때 가난한 집만 가시고 수보리는 부자집만 가셨습니다. 가섭 존자가 가난한 집에만 간 이유는 걸식을 해 와서 가난한 사람에게 복을 지어 주기 위함이었고, 수보리 존자가 부잣집만 가는 이유는 없는 사람들에게 찾아 가면 돈 없어서 시주하지 못하는 마음과 가난한 고통이 크므로 부잣집에만 가셨습니다. 부처님께서는 '마음이 균평(均平)하지 않다'고 수보리 존자와 가섭 존자를 꾸중하신 적이 있었습니다.

어디에도 머물지 말고 보시하다는 것은 구체적으로 무엇일까요? 색(色)에 머물러 보시하지 말아야 합니다. 색에 머문다는 것은 예를 들어 금은보배가 있는데, 은은 주고 금은 못 준다거나 하는 겁니다. 좋아하는 사람에게는 주고 싫어하는 사람에게는 주지 않는 것도 색에 머무는 겁니다. 소리에 머문다는 것은 칭찬하는 것에 보시하는 것입니다. 이런 식으로 조건을 두거나 대가를 바라는 마음으로 보시하지 말라는 것입니다.

머무름 없이 보시하는 것을 '무주상보시'라고 합니다. 주었다는 생각도 말도 없이 다 잊는 것입니다. 이를 삼륜공적(三輪空寂)이라고 하는데, 베푸는 사람(施者), 받는 사람(受者), 베푼 물건(施物)이 모두 공적해야 합니다. 예를 들어 가난한 사람이 베푸는 냉수한 잔도 정성으로 받아야 하고, 부자가 주는 많은 재물에도 끄달려서는 안됩니다. 무엇을 베풀었다는 상을 내지도 말고 대가도 바라지 않는 것이 무주상보시입니다. 무주상보시의 이유는 경문의 '하이고(何以故)' 이하입니다. 상에 머무르지 않고 보시한다면 공덕이 한량없지만, 반대로 상에 머물러 보시한다면 복덕이 헛것이라고 할 수 있습니다.

출발은 아뇩다라삼먁삼보리의 마음을 내어서 부처가 되는 것이 목적인데, 여기에 와서는 보시를 해서 복덕을 받으라고 하고 있습니다. 다소 앞뒤가 괴리가 있다고 보이기도 합니다. 보살이 닦아야 하는 수행은 보시, 지계, 인욕, 정진, 선정, 지혜의 육바라밀입니다. 그런데 육바라밀도 알고 보면 전부 보시일 뿐입니다. 육바라밀중 보시바라밀은 재(財)보시, 지계, 인욕은 무외(無畏)보시(걱정이 없게 해주는 보시), 정진, 선정, 지혜는 법(法)보시에 해당합니다. 이를 삼종보시라고 하는데 육바라밀을 총섭하고 있다고 할 수 있습니다. 그렇다면 복덕을 받는 것은 무엇일까요? 복덕 중 최고는 성불하는 것입니다. 복덕은 유루복덕과 무루복덕으로 구분해 볼 수 있습니다. 유루복덕은 우리가 통상 말하는 부귀복덕으로 한계가 있으므로 언젠가 없어져 고통을 주게 됩니다. 무루복덕은 한량과 사라짐이 없어 언제나 즐거움을 주는 복덕입니다.

보살이 수행하는 길로 무주상보시를 말씀하셨습니다. 헤아릴 수 없는 양이 얼마나 되는 양을 의미할까요? 부처님께서는 시방세계의 허공을 헤아릴 수 있냐고 물어 보신 뒤, 무주상보시의 복덕도 이와 같다고 비유로 말씀 하셨습니다. 뒤이어 수보리의 질문에 대해 "다만 이렇게 가르쳐 준대로만 머물지니라."고 하십니다. 이로써 수보리의 질문에 대한 대답이 끝납니다. 부처님의 대답은 마음을 4가지 마음에 머물고, 사상(四相)에 걸리지 말며, 상에 머물지 않는 무주상보시를 하라는 것으로 정리할 수 있습니다.

즉 마음을 머무르고 수행을 함에 있어서 상에 머무르지 말라는 단서를 달았습니다. 부처님께서 걸식을 나가셔서 돌아오시고 무언의 설법을 하신 것이 제 1장이라면, 수보리의 첫 번째 질문에 대한 문답은 사실상 여기서 끝납니다. 그래서 어떤 분들은 금강경을 여기까지만 읽어야 된다고 말하기도 합니다.

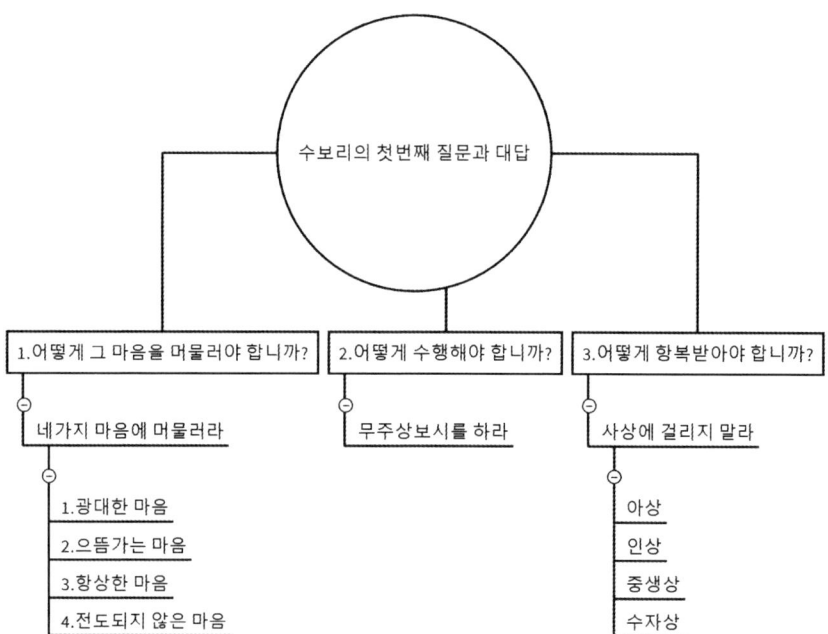

05

여리실견분
如理實見分

진리 그대로 보라

세친스님의 의문 1

부처가 되려고 보시하는 것도
모양다리에 걸리는 것은 아닌가?

須菩堤 於意云何 可以身相 見如來不 不也
수보리 어의운하 가이신상 견여래부 불야

世尊 不可以身相 得見如來 何以故 如來 所說
세존 불가이신상 득견여래 하이고 여래 소설

身相 卽非身相 佛告 須菩堤 凡所有相 皆是虛妄
신상 즉비신상 불고 수보리 범소유상 개시허망

若見諸相非相 卽見如來
약견제상비상 즉견여래

『수보리야, 네 생각에 어떠하냐? 몸매로써 여래를 볼 수 있겠느냐?』

『못하옵니다. 세존이시여, 몸매로써 여래를 볼 수는 없습니다. 무슨 까닭인가하면 여래께서 몸매라고 말씀하시는 것은 몸매가 아니기 때문입니다.』

부처님께서 수보리에게 말씀하셨다.

『온갖 겉모양은 모두가 허망하니 모양이 모양 아닌 줄 알면 바로 여래를 보리라.』

월운 노스님 강설

여리실견분이란 '진리 그대로 보라'란 뜻입니다. 여리실견분(如理實見分)은 금강경 법문 가운데 핵심이라고 할 수 있습니다. 경의 핵심되는 게송을 사구게(四句偈)라고 하는데, 금강경 사구게가 바로 여리실견분에 있기 때문입니다.

무주상보시를 하고, 네 가지 마음에 머무르되, 사상에 걸리지 않는다면 발심한 자가 마음을 잘 머무르고, 잘 수행하고, 잘 항복받은 셈입니다. 그렇다면 성불할 수 있다고 할 수 있습니다. 밭팔아 논 사는 뜻은 쌀밥 먹기 위한 일이듯 목표는 아뇩다라삼먁삼보리심을 내어 성불하는 것입니다. 이런 맥락에서 이 대목에는 '부처님은 어떤 분이며 어떻게 해야 성불할 수 있는가'를 설하고 있습니다.

부처님께서는 수보리에게 "네 생각에는 어떠하냐?(於意云何)"고 물으셨습니다. 이런 형식을 무문자설(無問自說:묻지 않아도 스스로 설명함)이라 합니다. "몸매로써 여래를 볼 수 있냐"는 질문은 그럴 수 없다는 '부정'을 유도하고 있습니다. 부처님의 내심을 잘 아는 수보리는 '여래께서 몸매라고 하신 것은 몸매가 아니기 때문에 몸매로써 여래를 볼 수는 없습니다.'고 대답했습니다.

금강경에는 'A는 A가 아니므로 A라고 한다'는 논리가 자주 등장합니다. 이것은 주제-승의제(제일제)-세속제를 대비시켜서 말씀하신 논리입니다. 주제는 말하려는 대상이고, 세속제(世俗諦)는 세상에서 일반적으로 인정하는 진리로, 차별이 있는 현실생활의 이치를 말합니다. 승의제

(勝義諦) 혹은 제일제(第一諦)는 가장 뛰어나고 궁극적인 진리를 말합니다. 세속제는 속제(俗諦), 승의제는 제일제(第一諦),진제(眞諦)라고도 합니다.

부처님께서 몸이라고 말하는 것(주제)은 말로만 몸이지 실재 부처님의 몸이 아니므로 세상 말을 따라 몸이라고 하신 것입니다. 제일제(第一諦)의 입장에서 '몸이 아니지만 그냥 하는 세속의 말로 몸이라고 부른 것'에 불과하다는 정반합의 논리입니다. 즉 제일제의 입장에서 '몸이 아니지만 그냥 말로만 몸'이라고 했다는 뜻입니다. 부처라는 말이 진짜 부처와는 상관없지만, 그 말을 여의고는 따로 부처를 말할 방법이 없으므로 부처라고 말한다는 의미입니다.

그래서 부처님께서는 게송으로 말씀해주십니다. 온갖 겉모양은 현실의 긍정이고, 허망하다는 것은 현실을 부정한 것입니다. '모양이 모양 아닌 줄 안다'는 것은 겉모양이 진실이 아니라는 것을 안다면 여래를 볼 수 있다고 하셨습니다. 이것은 금강경의 가장 중요한 게송이기도 할 뿐만 아니라 어떻게 본다면 여래에 관한 정의라고 할 수 있을 것입니다. 상(相)은 진실이 아니지만 언어의 세계에서는 없을 수 없다. 이렇게 이해한다면 여래를 똑바로 알 수 있다고 할 수 있습니다.

여리실견분은 수보리 존자의 첫 질문에 대한 결론이라고 할 것입니다. 보리심을 내고 무주상보시를 행하면 사구게(四句偈)에서 말한 바와 같이 형상 없는 부처를 이룰 수 있습니다. 겉모양은 부처님의 참 몸이 될 수 없는 허망한 것이므로 겉모양 속에 있는 것이 진실한 부처님의 몸입니다.

수보리가 겉모양으로 부처님을 볼 수 없다고 하신 대답을 인정하심과 동시에 부처님의 겉모양뿐만 아니라 일체의 유위법이 모두 허망하다고 하셨습니다. 따라서 일체유위법이 허망한줄 안다면 그것이 곧 부처님을 뵙는 길입니다. 우리가 말하는 모든 형상은 허망한 분별 생각에 의해 생겼다는 것이 불교의 기본적 논리입니다. 허망한 생각에 의해 형상이 생겼으므로 겉모양도 허망한 셈입니다. 허망한 형상을 고정불변으로 안다면 잘못된 생각이므로 32상 80종호로 부처를 본다는 것도 잘못된 생각입니다.

"약견제상비상(若見諸相非相)"이란 구절은 논란이 많은 구절입니다. 모든 형상이 허망하다고 하니까 사람들이 허망한 것이 곧 진리인가하고 생각할 수 있습니다. 모든 형상이란 말에는 형상이 있다고 생각하는 것, 형상이 허망하다는 생각 모두를 포함하고 있습니다. 모든 형상이 허망하다고 하니까 듣는 사람이 생각하기를 허망한 것이 진리인 줄 알까봐 그런 생각을 버려주기 위해 하신 말씀입니다. 부처님은 겉모양으로 볼 수 없다고 하니까 겉모양 없는 가운데 모양 없는 부처님은 따로 있다고 생각할까봐 '모양 없는 부처' 역시 '진짜 참모습이 아님'을 알 때에 여래를 본다는 뜻입니다. 형상 있는 것도 부정하고 형상 없는 것도 부정할 때 진짜 참모습을 뵙게 됩니다.

"범소유상 개시허망"은 유를 부정한 것이고, "약견제상비상"은 유를 부정한 것만으로 진리가 될 수 없다는 것입니다. 없다는 생각만으로도 참모습이 아니란 것이죠. 이런 것을 당신이 주장한 것을 스스로 떨쳐 버렸다고 해서 '불적(拂跡)'이라고 합니다. 이렇게 떨쳐버리고 또 떨쳐 버려서 더 이상 떨쳐 버릴 것이 없다면 법신을 만나게 됩니다.

금강경에는 게송이 3번 나오는데, 다른 것은 4구게라고 하지 않고 왜 이것만을 4구게라고 하는 걸까요? 4구게란 개념은 게송이 4구절로 되어 있다는 뜻입니다. 경마다 대표하는 4구게를 제 1사구게라고 하는데, 이것을 제 1사구게로 뽑게 된 것은 형식뿐만 아니라 내용이 4구를 갖추어야 하기 때문입니다. 4구란 의미는 모든 사물을 관찰하는 4가지 상대적 논리입니다. 첫째 구는 '있다(有)', 둘째 구는 '없다(無)', 셋째 구는 '있는 것도 아니고 없는 것도 아니다'이고, 넷째 구는 '있기도 하고 없기도 하다'는 것으로 논리를 세웁니다. 이를 희론(戱論:말장난)이라고 하는데 '희론이 없는 것'을 곧 진리의 말씀으로 보았습니다.

금강경 4구게는 이 4구의 정의를 갖추고 있습니다. '온갖 겉모양'은 '유(有)'가 되고, '모두가 허망하니'은 '무(無)'가 됩니다. '약견제상'의 '제상(諸相)'이란 말 속에 '있다'란 주장과 '없다'란 주장이 들었는데 모두가 아니라고 하는 것이 3구, '제상이 비상'이란 말은 있다는 주장, 없다는 주장이 합쳐진 것이 4구가 되어, 이것을 부정하면 '여래를 본다'는 말입니다.

무착스님의 미륵게송에는 '세 가지 모습으로 실체가 달라지기 때문에 저것을 여의어야 곧 여래라 할 수 있다(三相異體故 離彼是如來)'고 했습니다. '있다'가 1상, '없다'가 2상, '있다, 없다'를 합쳐서 3상이라고 하는데, 이 3상을 여의어야만 여래를 뵙게 된다는 뜻입니다. 즉 '4구의 희론을 여윈 게송'이란 의미가 될 것입니다. 이런 취지에서 "금강경 사구게만 읽어도 무량한 공덕이 있다"는 말씀이 무려 7번이나 나오게 됩니다.

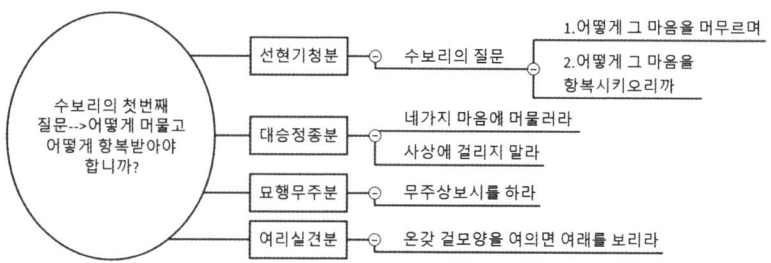

수보리의 첫 번째 질문과 대답

II 정종분

두번째 질문
믿음을 권하다
擧科勸信

06. 정신희유분
07. 무득무설분
08. 의법출생분
09. 일상무상분
10. 장엄정토분
11. 무위복승분
12. 존중정교분

06

정신희유분
正 信 希 有 分

그토록 깊은 법을
누가 믿으랴?

세친스님의 의문 2
그토록 깊은 법을 누가 믿으랴?

須菩提 白佛言 世尊 頗有衆生 得聞如是言說章句
수보리 백불언 세존 파유중생 득문여시언설장구

生實信不 佛告 須菩提 莫作是說 如來滅後 後五
생실신부 불고 수보리 막작시설 여래멸후 후오

百歲 有持戒修福者 於此章句 能生信心 以此爲實
백세 유지계수복자 어차장구 능생신심 이차위실

當知是人 不於一佛二佛三四五佛 而種善根 已於
당지시인 불어일불이불삼사오불 이종선근 이어

無量千萬佛所 種諸善根 聞是章句 乃知一念 生淨
무량천만불소 종제선근 문시장구 내지일념 생정

信者 須菩提 如來 悉知悉見 是諸衆生 得如是無量
신자 수보리 여래 실지실견 시제중생 득여시무량

福德 何以故 是諸衆生 無復我相 人相 衆生相 壽
복덕 하이고 시제중생 무부아상 인상 중생상 수

者相 無法相 亦無非法相 何以故 是諸衆生 若心
자상 무법상 역무비법상 하이고 시제중생 약심

取相 卽爲着我人衆生壽者 若取法相 卽着我人
취상 즉위착아인중생수자 약취법상 즉착아인

衆生壽者 何以故 若取非法相 卽着我人衆生壽者
중생수자 하이고 약취비법상 즉착아인중생수자

是故 佛應取法 不應取非法 以是義故 如來常說
시고 불응취법 불응취비법 이시의고 여래상설

汝等比丘 知我說法 如筏喩者 法尙應捨 何況非法
여등비구 지아설법 여벌유자 법상응사 하황비법

수보리가 부처님께 사뢰었다.

『세존이시여, 혹 어떤 중생이 이러한 말씀(章句)을 듣고서 진실이란 믿음을 내겠습니까?』

부처님께서 말씀하셨다.

『수보리야, 그런 말을 말라. 여래가 멸도한 뒤 나중 오백년에 계를 지키고 복을 닦는 이는 이 말씀에 믿음을 내어 이것을 진실이라 여기리니, 이런 사람은 한 부처님이나 두 부처님이나 셋, 넷, 다섯 부처님께만 선근을 심은 것이 아니라 이미 한량없는 백, 천, 만 부처님께 온갖 선근을 심었으므로 이 말씀을 듣고는 잠깐 동안이라도 깨끗한 믿음을 내는 것이니라. 수보리야, 여래는 다 알고 다 보나니 이 중생들은 이렇게 한량없는 복덕을 받느니라. 무슨 까닭인가 하면 이 중생들이 아상, 인상, 중생상, 수자상이 전혀 없으며 법상(法相)도 비법상도 없기 때문이니라.

무슨 까닭인가 하면 이 중생들이 만일 마음이 모양다리에 걸리면 이는 곧 아상, 인상, 중생상, 수자상에 집착되는 것이기 때문이니라. 만일 법상에 걸리더라도 아상, 인상, 중생상, 수자상에 집착되나니 무슨 까닭인가하면, 만일 비법상에 걸리더라도 아상, 인상, 중생상, 수자상에 집착되기 때문이니라. 그러므로 법상에도 걸리지 말아야 하고 비법상에도 걸리지 말아야 하나니 그러기에 여래가 항상 말하기를 '너희 비구들은 나의 설법을 뗏목과 같이 여기라' 하셨나니, 법상도 버려야 하거늘 하물며 비법상이겠는가!』

월운 노스님 강설

'정신희유분(正信希有分)'이란 '바른 믿음을 내는 이가 드물다'는 뜻입니다. 세친스님은 이 부분에 대해 '그토록 깊은 법을 누가 믿으랴(因果俱深無信疑)'고 했습니다. '여리실견분'에서 '머무름 없는 수행을 원인으로 모양다리 없는 부처를 이루어야 한다'고 결론지었으니, 없음으로써 없음을 얻는 일이 매우 믿기 어려운 일이 되겠다는 뜻입니다.

무착스님은 '법신의 정체를 믿는 과정(欲得法身住)'이라고 했습니다. 보리마음을 낸 사람은 네 가지 마음[01]에 머물고, 무주상 보시를 행하라고 했습니다. 장엄한 얼굴 모양을 찾아 부처님을 만나면 편하겠는데, 얼굴 모양을 떠난 자리에서 부처님을 만나고, 우주의 만법을 부정한 자리에서 진리를 만나라고 하니 더욱 더 어려운 셈입니다. 대승정종분에서 여리실견분까지가 수보리의 첫 번째 물음에 답하신 내용이라고 한다면, 정신희유분부터는 부처님 말씀을 어떻게 받아들여야 하는가에 대한 또 다른 물음입니다. 그래서 본인은 정신희유분부터 7대목을 화엄경 과목에서 인용해서 거과권신(擧科勸信:믿음을 권하는 과목)이라고 명명해 보았습니다. 정신희유분은 내용상 4대목으로 나누어 볼 수 있습니다.

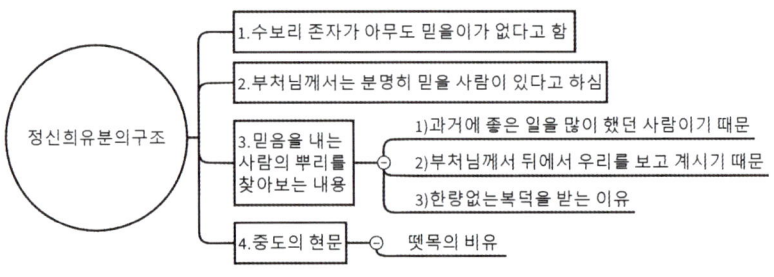

---

01 네가지 마음:1.광대한 마음(廣大心) 2.으뜸가는 마음(第一心) 3.항상한 마음(常心) 4.부전도심(不顚倒心)

■ **정신희유분의 과목**

1) 아무도 믿을 이가 없다는 수보리 존자의 입장

수보리 존자가 "이러한 말씀(章句)을 듣고서 진실이란 믿음을 내겠습니까?"고 했습니다. 여기서 이러한 말씀이란 선현기청분, 대승정종분, 묘행무주분, 여리실견분에서 말씀하신 내용입니다.

2) 부처님께서는 분명히 믿을 사람이 있다고 하심

부처님께서는 수보리 존자에게 "그런 말을 말라"고 일축하시고 오는 세상에도 믿는 이가 있을 터인데, 그들은 분명 여러 부처님께 선근을 심었을 거라 하셨습니다. '지도론(智度論)'에 의하면 '부처님께서 열반에 드신 뒤 ①첫째 오백년에는 해탈(解脫牢固)로 도를 얻은 이가 많고, ②둘째 오백년에는 선정뇌고(禪定牢固)로 도를 얻은 이는 적어도 선정을 닦는 이가 많고, ③셋째 오백년엔 다문뇌고(多聞牢固)이니 지식에 의한 이론만이 많고, ④넷째 오백년은 탑사뇌고(塔寺牢固)로 절이나 탑을 세우는 일이 성하고, ⑤다섯째 오백년은 투쟁뇌고(鬪爭牢固)로 싸움이 성하리라'고 하셨습니다.

여래가 돌아가신 뒤 후오백세인 투쟁뇌고의 시기가 바로 우리가 살고 있는 시기입니다. 이때 계(戒)를 지키고 복을 닦는다면 지혜를 얻어 "이 경을 진실이라 믿을 것"이라고 하셨습니다. 계는 악을 멈추고 선을 기르는 작용이 있어 윤회를 벗어나게 하는 것입니다. 부처님 탁발하시는 모습부터 일상생활 속에 지켜가야 할 것들이 모두 계입니다. 복을 닦는다는 것은 '선정(禪定)'을 닦는 것입니다. 계를 지키고 선정을 닦으면 자연히 지혜가 생겨 금강경의 참뜻을 당연히 알게 됩니다. 보리류지 삼장이 번역한 금강경에는 이 부분을 '계를 지키고 복을 닦아 지혜가 이루어진 이는 이 경을 진실이라 믿으리라'고 번역했습니다.

3) 믿음을 내는 사람의 뿌리를 찾아보는 내용

마지막 오백세의 악조건에서도 믿음을 내는 사람은

① 과거에 좋은 일을 많이 했던 사람이기 때문입니다. 이 분들은 한 부처님이 아니라 오랫동안 여러 부처님께 선근을 심었던 사람입니다. 단순히 높으신 분들에게 좋아하는 음식이나 돈을 갖다 주는 등의 비위를 맞추는 선근이 아니라 부처님께 쌓는 공덕은 '보현보살의 십종대원[02]'을 행한 사람입니다. 부처님의 법을 찬탄하고 불법을 펴는 일을 부처님 뜻에 맞도록 한평생동안 선근을 심었다는 것입니다. 그래서 온갖 선근이라고 했습니다. 그 선근이 마치 싸늘하게 식은 잿불 속에 불씨하나가 살아 있듯이 인연을 만나 경 말씀을 들으면 묵은 불씨가 살아나서 '깨끗한 믿음'을 내게 됩니다. 깨끗한 믿음(淨信)이란 '전폭적인 믿음'입니다. 모양 없는 부처, 형상 없는 보시에 대해 엉거주춤한 믿음을 낸 것이 아니라 잡념 없는 전폭적인 믿음을 말합니다. 이러한 선근은 중생들이 전생에 심

---

[02] 보현보살십종대원: 보현보살이 세운 10가지 서원. ①모든 부처님을 항상 예경하는 원(禮敬諸佛願) ②거룩하신 부처님의 덕상을 찬탄하는 원(稱讚如來願)③대자대비하신 부처님께 공양 올리는 원(廣修供養願)④다겁생에 지은 업장을 참회하는 원(懺除業障願)⑤부처님의 크신 공덕을 환희하는 원(隨喜功德願)⑥법의 수레 굴리시길 청하는 원(請轉法輪願)⑦부처님께서 이 세상에 늘 계시기를 원(請佛住世願)⑧자나 깨나 부처님 가르침을 배우기를 원(常隨佛學願)⑨중생들의 뜻에 맞춰 응해주기를 원(恒順衆生願)⑩내가 짓는 모든 공덕을 널리 펴기를 원(普皆廻向願)'

은 것이지만 온 누리의 중생이 누려야할 선근이며, 우리가 잘 가꾸어 나아가야할 것입니다.

② 믿음을 내게 된 이유는 부처님께서 뒤에서 우리를 보고 계시기 때문입니다. "여래는 다 알고 다 보느니라."고 하셨습니다. 부처님께서 다 알기만 하면 될 터인데 본다는 이야기는 무슨 뜻일까요? 알기만 하고 보지 못하면 짐작에 불과할 것이요, 보기만 하고 알지 못하면 눈앞에 것만 알게 됩니다. 그래서 다 아는 듯이 보고 다 보는 듯이 아시는 겁니다. 그럼 무엇을 아신다는 걸까요? 이 중생들은 한량없는 복을 받는다고 하셨습니다. 깨끗한 믿음을 낸 공덕으로 그동안 여러 부처님께 심은 공덕을 다 받게 된다는 것을 보장하고 담보하시고 있습니다. 따라서 금생에 자신 있게 주저하지 않고 믿음을 내라고 말씀하신 셈 입니다. 부처님께서 선호념, 선부촉해주시며 우리와 잠시도 떠나지 않는다는 말로 이른바 실지실견(悉知悉見)이라고 합니다. 실지실견은 여기서 한번 나오고 뒤의 이상적멸분에도 등장합니다. 다시 말하면 부처님께서 전력투구해서 우리와 일체가 되어주시므로 어려운 고비에서도 깨끗한 믿음을 낼 수 있다는 뜻입니다.

③ 믿음을 내면 한량없는 복덕을 받는 이유는 무엇일까요? 복덕은 유위(有爲)의 복덕과 무위(無爲)의 복덕이 있습니다. 유위의 복덕은 돈, 재물이 되겠지만 한계가 있습니다. 무위의 복덕은 진리에 대해 눈을 뜨는 것으로 한량없는 복덕이 됩니다. 금강경에 대한 믿음이 흐리지 않고 잠깐이라도 전폭적인 믿음을 내면 한량없는 복덕을 받는다고 했습니다.

③-1 아상, 인상, 중생상, 수자상이 없기 때문

이 네 가지 상이 없어야 전도되지 않은 올바른 신앙이 됩니다. 아상, 인상, 중생상, 수자상은 모두 '내로라'하는 생각에서 발현된 것입니다. 그렇게 볼 때 아상은 총설이고 인상, 중생상, 수자상은 아상을 자세히 설명하는 보조적 설명입니다.

③-2 법상도 없고 비법상도 없는 까닭

사상을 여의면 여법한 상이 있다는 생각에서도 벗어나야 합니다. 비법상의 '아닐 비(非)'자는 '없을 무(無)'자로 보아야 합니다. 따라서 무엇이 좋다는 생각을 내면 이미 착(着)이고 맑은 거울의 맑다는 생각조차 없어야 한다는 뜻입니다. 사상을 여의고 법상(法相)도 여의면 불보살의 호념을 받게 되는 것은 무슨 까닭일까요? 사상(四相)이 없는 상태는 대문이 열린 것과 같아서 복이 들어올 수 있지만, 사상이 있으면 나를 내세우느라 문이 잠겼으므로 복이 들어오지 못함과 같습니다. 부처님의 호념과 복덕을 받는 관건은 사상의 유무이므로, 사상이 있다면 복을 받을 수 없습니다.

어떤 사람은 법상도 버려야 된다는 말씀에 '법상은 정법이요, 착한 법이요 옳은 법인데 왜 이것까지도 버려야 하는가 하는 의문'에 빠질 수 있습니다. 법상 역시 '나는 정법을 알고 있노라'는 생각이므로 따지고 보면 사상과 같습니다. 마치 선문(禪門)에서 '조금이라도 깨달았다는 생각이 남았더라도 티끌이다(但有纖毫卽是塵)'란 뜻입니다. 경전에는 '부처가 되고자 하는 미혹'이란 게 있습니다. 한 중생이 부처를 이루기 위해서는 삼아승지겁이 걸립니다. 삼현과위를 얻는데 1아승지겁이 걸리고, 초지에 올라가서 7지까지 2아승지겁이 걸리며, 제 7지부터에서 '부처가 되고자 하는 미혹'을 끝내는데 1아승지겁이 걸린다고 했습니다. 그런데 왜 법상에 걸리면 사상(四相)에 집착되는 걸까요? 거기에 대한 설명을 차례대로 해주셨으면 좋았을 텐데, 중간 과정을 생략하고 확 뛰어 버렸습니다. 법상에 걸리면 사상에 걸리니 법상이라는 생각을 내지 말아라 하면 좋았을 텐데, 법상도 버려라 해서 얻어지는 비법상, 법상 보다 한층 위인 비법상에 걸리더라도 사상에 걸리기 때문에, 법상에 걸리는 것이 사상에 걸린다는 것은 말할 것도 없다는 뜻입니다. 법상이건 비법상이건 상이 있으면 모두 사상의 범주에 속합니다.

4) 믿음을 내고 한량없는 복을 받기위해서는 중도의 현문(玄門)에 처해야 한다.

사상에 걸리지 말아야 하고, 법상에도 걸리지 말아야 하고, 비법상에도 걸리지 말아야 한다고 하셨습니다. 평소에 이런 도리를 부처님께서는 '뗏목의 비유'로 강조하셨습니다. 뗏목은 나무토막을 묶어서 강물에 흘려 하류로 운반하는 수단입니다. 뗏목은 강의 양쪽 언덕 어디에 가서 치우치면 안 되겠죠. 이 뗏목처럼 법상에도 머물지 말고 비법상에도 걸리지 말라는 뜻입니다. 이것이 곧 중도요, 이를 통해서 여래를 뵈올 수 있습니다.

07

무득무설분
無 得 無 說 分

얻을 수도 없고
설할 수도 없다

세친스님의 의문 3
모양다리가 없다면 어떻게 설법했나?

須菩堤 於意云何 如來得阿耨多羅三藐三菩堤
수 보 리 어 의 운 하 여 래 득 아 뇩 다 라 삼 먁 삼 보 리
耶 如來有所說法耶 須菩堤言 如我解佛所說義
야 여 래 유 소 설 법 야 수 보 리 언 여 아 해 불 소 설 의
無有定法名阿耨多羅三藐三菩堤 亦無有定法
무 유 정 법 명 아 뇩 다 라 삼 먁 삼 보 리 역 무 유 정 법
如來可說 何以故 如來所說法 皆不可取 不可說
여 래 가 설 하 이 고 여 래 소 설 법 개 불 가 취 불 가 설
非法 非非法 所以者何 一切賢聖 皆以無爲法
비 법 비 비 법 소 이 자 하 일 체 현 성 개 이 무 위 법
而有差別
이 유 차 별

『수보리야, 네 생각에 어떠하냐. 여래가 아뇩다라삼먁삼보리를 얻었다고 여기느냐. 여래가 설법한 것이 있다고 여기느냐.』
수보리가 대답하였다.
『제가 부처님의 말씀하신 뜻을 알기로는 아뇩다라삼먁삼보리라고 이름할 만한 일정한 법이 없으며, 여래께서 말씀하셨다고 할 만한 일정한 법도 없습니다. 무슨 까닭인가하면 여래께서 말씀하신 법은 모두가 잡을 수 없고 말할 수도 없으며 법도 아니고 비법도 아니기 때문입니다. 어찌하여 그러냐 하면 온갖 현인이나 성인들이 모두가 무위의 법에서 여러 가지 차별을 이루기 때문입니다.』

월운 노스님 강설

부처님께서는 수보리에게 "여래가 얻은 것이 있느냐? 여래가 설법한 것이 있느냐?"를 물으셨습니다. 있느냐고 물어서 없다는 대답이 나오므로 '무득무설분'이라고 제목을 지었습니다.

세친스님은 27단의로 나누면서, 이 대목을 '모양다리가 없다면 어떻게 설법했나?(無相云何得說疑)'하는 의문이 있다고 하셨고, 무착스님은 '법신의 슬기로운 지혜의 모습'이라고 보셨습니다.

수보리 존자가 정신희유분에서 '그렇게 어려운 말씀을 누가 믿겠습니까?'하니까 부처님이 '분명히 있다'하시면서, 나의 말을 뗏목같은 입장에서 '넘치지도 말고 처지지도 않게' 바르게 믿으면 불과(佛果)의 세계를 알 게 된다고 하셨습니다. 불과의 세계는 얻음이 없음으로써 진정 얻고, 설함이 없음으로써 진정 설함이 있는 것입니다. 이런 소식을 보여주시기 위해 여래가 얻은 것이 있느냐? 여래가 설한 것이 있느냐? 라고 질문하신 겁니다.

부처님의 질문은 보살이 보리심을 내어 앞으로 부처가 되고자 원하고 있고, 부처님께서도 언젠가 보리심을 내어 현재의 부처님이 되셨는데, 그렇다면 과연 1)보리심을 얻으신 바가 있으신가? 2)보리심이 있다면 어떤 것인가?입니다.

여기에 대해 수보리는 부처님이 아뇩다라삼먁삼보리를 얻은 바가 없다고 했습니다. 왜냐하면 '이것이 아뇩다라삼먁삼보리'라고 특정할 법이 없기 때문입니다. 가령 봄을 좀 가져 오라고 한다면, 온 천지가 봄이므로 어떤 것만을 특정해서 봄이라고 할 수가 없습니다.

아뇩다라삼먁삼보리라고 이름할 만한 일정한 법(無有定法)이 없다는 것을 잘못 보면 안 됩니다. 무유정법(無有定法)이므로 아무렇게나 행동해도 되는 것이 아니라 규정할 만한 일정한 법이 따로 있는 게 아니라는 뜻입니다. 아뇩다라삼먁삼보리는 '평등해서 고하가 없다'고 했습니다. 부처님은 자연스럽게 아뇩다라삼먁삼보리와 계합한 것이지 손에 쥐었기 때문에 부처가 된 것은 아닙니다. 마치 마라톤 선수가 골인 지점에 먼저 도착하면 우승하는 것처럼 부처님이 된다고 할 수 없다는 것입니다.

화신 부처님의 법문으로 생각하면 부처님이 되기 위해서는 번뇌를 끊고 오랫동안 수행해야 하지만, 법신 부처님의 입장에서는 수행해서 얻은 바가 있을 수 없습니다. 진정한 법신의 자리에서는 왜 얻은 법도 없고, 설한 법도 없는 것일까요? 아뇩다라삼먁삼보리법은 잡을 수 없고, 말로 할 수도 없습니다. 봄을 찾아 사방 찾아 다녀도 만나지 못했는데, 집에 돌아와 장독 밑에 돋아난 풀을 보고 '봄이 여기에 있다'고 말했다는 것과 같습니다. 여래께서 말씀하신 법은 법도 아니고, 비법도 아닙니다. 그러므로 어느 쪽에 치우치지도 않습니다. 따라서 있는 것 그대로에 부처님은 계합해 들어갔을 뿐입니다. 마치 맑은 거울에 고운 사람만 오고 미운 사람은 오지 말라고 할 수 없는 것과 같습니다. 있는 그대로를 비추어야 맑은 거울일 것입니다. 즉 고정불변의 상이 정해져 있지 않습니다.

그렇다면 본래가 평등해서 상하가 없어야 할 텐데, 실제로는 왜 성인,

현인, 범부의 차별이 생긴 걸 까요? 무위법으로 여러 가지 차별을 이루었다고 했습니다. 현인은 십주(十住), 십행(十行), 십회향(十回向)의 과위에 오른 분이고, 성인은 십지(十地)에 오르신 분이고 그 위에 부처님이 계십니다. 우리는 범부입니다. 무위란 말은 임의 조작이 없는 것, 기복이 없고, 거래가 없는 부처님의 경지를 말합니다. 무위법은 본래 차별이 없는 경지이지만 각자 근기에 따라 취하는 것이 다릅니다. 성인은 성인의 법만을 취하고 현인은 현인의 법만을 취하며, 범부는 범부의 법만을 취하게 됩니다.

법화경에는 약초의 비유가 나옵니다. 하늘에서 내리는 비를 똑같은 비(一雨)라고 합니다. 그런데 똑같은 비를 받아 자라는 식물가운데는 약초도 있고 독초도 있습니다. 빗방울 같은데 식물은 왜 다르게 되었을까요? 여기도 마찬가지로 무위법은 같지만 근기에 따라 법의 차별이 생긴 것입니다. 이렇게 해서 부처님의 깨달으신 경지는 얻음도 없고 설할 수도 없는 자리라고 했습니다.

08

의법출생분
依 法 出 生 分

법에 의해 출생한 말씀

須菩堤 於意云何 若人滿三千大千世界七寶
수 보 리 어 의 운 하 약 인 만 삼 천 대 천 세 계 칠 보

以用布施 是人所得福德 寧爲多不 須菩堤 言
이 용 보 시 시 인 소 득 복 덕 녕 위 다 부 수 보 리 언

甚多 世尊 何以故 時福德 卽非福德性 是故
심 다 세 존 하 이 고 시 복 덕 즉 비 복 덕 성 시 고

如來說福德多 若復有人 於此經中 受持乃至
여 래 설 복 덕 다 약 부 유 인 어 차 경 중 수 지 내 지

四句偈等 爲他人說 其福勝彼 何以故 須菩堤
사 구 게 등 위 타 인 설 기 복 승 피 하 이 고 수 보 리

一切諸佛 及諸佛 阿耨多羅三藐三菩堤法 皆從
일 체 제 불 급 제 불 아 뇩 다 라 삼 먁 삼 보 리 법 개 종

此經出 須菩堤 所謂佛法者 卽非佛法
차 경 출 수 보 리 소 위 불 법 자 즉 비 불 법

『수보리야, 네 생각에 어떠하냐? 어떤 사람이 삼천대천세계에 칠보를 가득히 쌓아두고 모두 보시에 쓴다면 그 사람이 받을 복덕이 많지 않겠느냐?』

수보리가 대답하였다.

『매우 많겠나이다. 세존이시여, 무슨 까닭인가 하면 이 복덕은 곧 복덕의 성품이 아니므로 여래께서 복덕이 많다고 말씀하시기 때문입니다.』

『만일 다시 어떤 사람이 이 경 사운데서 사구게 만이라도 받아지니고 남에게 말하여 주면 그 복덕은 저 칠보를 보시한 복덕보다 더 수승하리니, 무슨 까닭이겠는가. 수보리야, 여러 부처님들과 부처님들의 아뇩다라삼먁삼보리의 법이 모두 이 경에서 나왔기 때문이니라. 수보리야, 불법이라고 하는 것은 곧 불법이 아니니라.』

월운 노스님 강설

의법출생분(依法出生分)은 '법에 의해 출생한 말씀'이란 뜻입니다. 이런 이름을 짓게 된 것은 '부처님들과 부처님들의 아뇩다라삼먁삼보리의 법이 모두 이 경에서 나왔기 때문이니라.'라는 구절을 중요시했기 때문입니다. 무착스님은 이 부분을 '증득법신(證得法身)'이라고 해서 법신의 복상(福相)을 말한 부분이라고 했습니다. 세친스님은 무득무설분에서 '여래가 얻었다고 할 일정한 법도 없고, 여래가 말했다고 할 일정한 법도 없다'고 했습니다. 이 대목에 와서는 무득무설분에서 '말한 어디서도 찾을 수 없고, 어떻게도 설명할 수 없는 아뇩다라삼먁삼보리가 이 경에 의해서 나오므로, 이 경이 매우 좋다'고 이르고 있습니다. 이를 교량공덕(校量功德) -이 경의 공덕이 매우 수승함을 찬탄함-이라고 부릅니다.

금강경 전체에 '이 경이 좋다'는 말씀이 11번 나오는데, 그중 '사구게(四句偈) 한 구절만 읽어도 된다.'는 것이 10번 나옵니다. 여기는 '사구게 한 구절만이라도 읽는 것이 칠보를 보시한 공덕보다 낫다'는 말씀이 나오는 첫 번째 대목입니다.

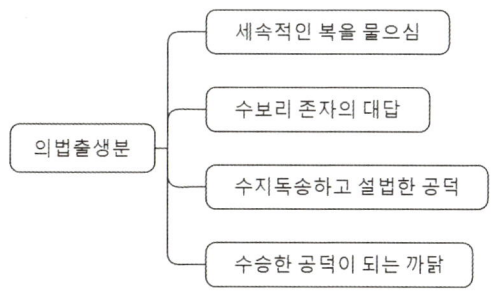

본문은 4토막으로 나뉘어 있습니다.

1) 첫째 대목은 일반 세속적인 복을 가지고 물으시는 내용입니다. 묘행무주분에서 보시하나에 육바라밀이 다 들어 있다는 말씀을 드렸습니다. 그런데 여기서 부처님께서 헤아릴 수 없이 많은 보물을 보시한 공덕을 말씀하시지만, 실제로는 그렇지 않다는 것을 말씀하시기 위함입니다.

2) 두 번째 대목은 수보리 존자의 대답입니다. 수보리 존자는 짐짓 부처님의 질문의도에 따라 "매우 많겠나이다."라고 대답하시고, 뒤이어 "무슨 까닭인가 하면 이 복덕은 곧 복덕의 성품이 아니므로 여래께서 복덕이 많다고 말씀하시기 때문입니다."하고 이유를 풀이했습니다. 금강경에는 A는 A가 아니므로 A라고 한다는 논리가 자주 등장합니다. 주제-승의제-세속제라고 합니다. 세속제는 세상에서 말하는 일반적인 언어, 승의제는 현실을 초월한 진리라는 뜻입니다. 보시에 의해서 받은 복덕은(세속제) 무루의 법에 의한 복덕이 아니므로(승의제), 그저 세상에서 말하는 대로 복덕이 많다고 할 수 있다(세속제)는 뜻입니다. 엄밀하게 말해서 진짜 복덕이 많다고 말할 수는 없다는 의미겠지요. 금강경 해석의 지침이 되는 미륵게송은 아래와 같이 설명하고 있습니다.

"경을 수지하거나 남에게 법을 설해주는 일은 복덕이 헛되지 않다. 단순한 복으로는 보리에 나아가지 못하지만, 저 두 가지는 능히 보리에 나아갈 수 있다.(受持法及說 不空於福德 福不趣菩提 二能趣菩提)"

고인들은 '복은 삼생(三生)의 원수'라고 했습니다. 복 짓느라 좋은 일을 못하니 원수요, 복을 받아 다음 생에 부자로 태어나 복을 누리느라 좋은 일을 못하니 두 번째 생의 원수요, 복을 다 쓰고 나면 악취에 떨어져 고통을 당하므로 세 번째 생의 원수란 말씀입니다.

3) 세 번째 대목은 수지독송하고 설법한 공덕입니다. 이 경 가운데 사구게 만이라도 받아 지니고 남에게 말하여 주면 그 복덕은 칠보를 보시한 복덕보다 훨씬 수승하다고 하셨습니다. 사구게는 여리실견분에 나오는 '범소유상 개시허망 약견제상비상 즉견여래'를 지칭합니다.

4) 네 번째는 수승한 공덕이 되는 까닭입니다. 많은 보물을 보시한 공덕보다 수승한 이유는 '여러 부처님과 부처님들의 법이 이 경에서 나왔기 때문'입니다. 이 경은 부처님의 근본이므로 나 자신이 부처님에게 가까워지거나 부처님이 되게 되므로 이보다 더 수승한 공덕이 없다는 뜻입니다. 물질의 보시는 유위의 법을 받을 뿐 부처가 되는 보리를 얻지 못하지만 이 경을 지니면 마음이 열려 부처가 될 수 있으므로 환희하고 찬탄하는 것입니다.

그런데 부처님이 계시고 부처님께서 설하신 경이므로 부처님으로부터 이 경이 나왔다고 할 수는 있겠지만 이 경에서 부처님이 나왔다는 것은 무슨 뜻일까요? 누구든지 이 경 도리대로 수행하면 부처를 이루기 때문입니다. 또 부처님의 법문이 아무리 많다 하더라도, 중생 누구나 성불하기 위해서는 사상(四相)을 여의어야 한다는 말씀 외에 다른 법이 없으므로 불법의 알맹이가 이 경에서 나왔다는 뜻입니다. 원칙적으로 부처님께서도 이 경의 도리를 빼놓고는 성불할 길이 없다고 이해하면 되겠습니다.

『금강경오가해』에 나오는 '야보송(冶父頌)'에는 '부처님과 부처님의 법이 모두 이 경에서부터 나왔다 하니 그렇다면 이 경은 또 어디에서 나왔는고?'라는 의문을 던진 뒤, '수미산 꼭대기요, 큰 바다의 파도 중심에서니라.(且道此經 從甚處出 須彌頂上 大海波心)'라고 했습니다. 선사(禪師)적 입장에서 자취를 떨어 버리는 말입니다.

그런데 '불법이라고 하는 것은 곧 불법이 아니니라.'는 마지막 구절은 지금까지 한 말씀과 맥을 좀 달리하는 말씀입니다. 이것 역시 불적(拂跡)- 자취를 떨어버림–입니다. 이 경에서 부처님과 부처님의 법이 나왔다고 하니까 듣는 사람이 여기에 무엇이 있다고 생각할까봐 자취를 떨어 낸 것이죠. 불법이란 말에 혼동하거나 집착하지 않게 하려는 의도입니다. 그래서 금강경은 묵언으로써 질문하면 말로 대답하고, 말로 설명하면 묵언으로 이해하는 것이 대화 수법입니다.

얻을 수도 없고 말할 수도 없는 아뇩다라삼먁삼보리는 어떻게 만날 수 있을까요? 아뇩다라삼먁삼보리법이 '내가 아뇩다라삼먁삼보리법이다.'라고 써 붙이고 있지 않으므로 찾아 나선다고 만나지는 것은 아닙니다. 금강경을 외우거나 모두 다 외우지 못해도 사구게 만이라도 외우고 남에게 설법해 준다면 천년의 어둠이 부싯불에 밝아지듯이 어떤 순간 만날 수 있습니다.

앞에서 삼천대천세계란 말이 나옵니다. 삼천대천세계는 불교의 우주관입니다. 우주에는 향수해(香水海)라는 바다가 있고, 바다위에 북구로주, 남섬부주, 서구다니주, 동불바제의 4대주가 있다고 합니다. 이 4대주

한복판에는 수미산이 있고, 수미산 중턱에 일월이 오간다고 합니다. 사대주를 덮고 하늘에 육욕천, 범천이 있으니 하늘세계입니다.

　이렇게 4대주와 일월, 수미산, 육욕천, 범천을 단위로 1천개가 모이면 소천(小千)세계가 됩니다. 소천세계가 1천개 모이면 중천(中千)세계, 중천세계가 1천개 모이면 대천(大千)세계가 됩니다. 대천세계는 10억 개의 일월(日月)이 있는 우주 공간이니 얼마나 넓은 공간인가는 짐작하기도 어렵습니다.

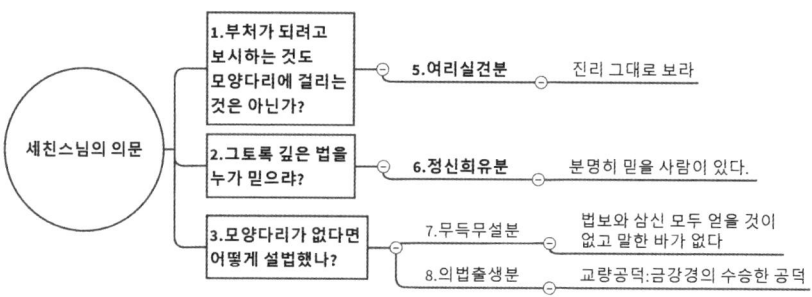

09

일상무상분
一相無相分

네가지 상은
일상(一相)이어서
무상(無相)하다

세친스님의 의문 4
성문이 지위를 얻는 것은 붙잡음이 아닌가?

須菩提 於意云何 須陀洹 能作是念 我得須陀
수 보 리 어 의 운 하 수 다 원 능 작 시 념 아 득 수 다
洹果不 須菩提言 不也 世尊 何以故 須陀洹
원 과 부 수 보 리 언 불 야 세 존 하 이 고 수 다 원
名爲入流 而無所入 不入色聲香味觸法 是名須陀洹
명 위 입 류 이 무 소 입 불 입 색 성 향 미 촉 법 시 명 수 다 원

『수보리야, 네 생각에 어떠하냐? 수다원이 생각하기를 '내가 수다원의 과위를 얻었다'하겠느냐?』
수보리가 대답했다.
『그렇지 않습니다. 세존이시여, 무슨 까닭인가 하면 수다원은 입류(入流)라 하지만 실로는 들어간 일이 없으니, 색성향미촉법(色聲香味觸法)에 들지 않으므로 이름을 수다원이라 하나이다.』

월운 노스님 강설

일상무상분은 성문의 '4가지상은 일상(一相)이어서 무상(無相)'이란 의미입니다. 성문(聲問)은 부처님 당시 직접 부처님의 육성을 들었던 제자들을 말합니다. 일상무상분에서 말하는 과위들은 모두 성문의 수행과정에서 얻는 것입니다. 그래서 4가지상(수다원, 사다함, 아나함, 아라한)은 모두 과위를 얻었지만 얻은 바가 없는 한 가지 상뿐이란 뜻입니다. 무착스님은 이 부분을 '수도하는 중 아만(我慢)을 없애고 겸양함을 얻었다(修道得勝中無慢住)'고 말하고 있습니다. 부처님의 법은 얻을 수도 없고 말할 수도 없다고 하니, 거기에 대해 부처님 제자들도 수다원, 사다함, 아

나함, 아라한의 지위를 얻는데, 부처님이 얻은 바가 없다고 하니 의아해 할 수 있습니다. 세친스님은 '얻은 바가 없다'는 말에 대한 궁금증을 풀기 위해 '성문이 과위를 얻은 것도 얻는 것이 아닌가(聲聞得果是取疑)'하는 의문에 대한 답이라고 보았습니다. 무득무설분에서 '부처님이 얻은 것 없이 부처님이 되었다'는 말씀이 이해하기 어려우므로 다시 한 번 일상무상분에서 되풀이해 주십니다. 삼승학인(성문, 연각, 보살)중 하위인 성문도 법을 얻었다는 생각이 없는데 하물며 부처님이 얻었다는 생각이 있을리 없습니다. 그러므로 아뇩다라삼먁삼보리의 마음을 낸 사람은 머무르는 바 없는 수행을 해서 얻을 바 없는 부처가 되기를 목표로 해야 한다는 것을 확실히 제시하고 계십니다.

첫째, 수다원에 대한 말씀입니다. 수다원은 번역하면 입류(入流)입니다. 흐를 류(流)자는 무리, 또래, 종류를 나타냅니다. 어떤 역경사들은 입류를 예류(預流)라고도 합니다. 성자의 반열에 턱걸이로 들어섰다는 뜻입니다. 수다원은 색성향미촉법(色聲香味觸法)으로는 들어갔다고 표시할 수 없습니다. 만일에 수다원에 들어가서 수다원에 들었다는 티를 끼고 있다면 수다원이 될 수 없습니다. 거울로 비유하자면 사람들이 보기에 맑다고 하는 것이지 맑은 거울 자신이 스스로를 맑은 거울이라고 하는 것은 아닙니다. 맑은 거울이므로 맑아졌다는 생각이 추호도 없을 때 맑은 거울이라고 호칭할 수 있는 셈입니다. 성문사과(聲聞四果)의 첫 단계인 수다원도 얻었으되 얻었다는 생각이 없는데, 어찌 부처님께서 아뇩다라삼먁삼보리를 얻었다고 하겠습니까? 이는 부처님께서 얻은 바 없고 말하신 바도 없다는 말씀을 확실하게 입증시키기 위해서 성문의 예를 들어 말씀하신 부분입니다.

須菩堤 於意云何 斯陀含 能作是念 我得斯陀含果
수 보 리 어 의 운 하 사 다 함 능 작 시 념 아 득 사 다 함 과

不 須菩堤言 不也 世尊 何以故 斯陀含 名一往來
부 수 보 리 언 불 야 세 존 하 이 고 사 다 함 명 일 왕 래

而實無往來 是名斯陀含
이 실 무 왕 래 시 명 사 다 함

『수보리야 네 생각에 어떠하냐? 사다함이 생각하기를 '내가 사다함의 과위를 얻었다' 하겠느냐?』

수보리가 대답하였다.

『그렇지 않습니다. 세존이시여, 무슨 까닭인가 하면 사다함은 일왕래(一往來)라 하지만 실로는 왕래함이 없으므로 이름을 사다함이라 하나이다.』

월운 노스님 강설

둘째, 사다함(斯多含:Skrdgamin)은 일왕래(一往來)라고 번역합니다. 죽어서 다시 한 번만 세상에 와서 공부하면 다시는 인간으로 오지 않아도 되는 분들이란 뜻입니다. 사다함과에 오른 분들이 어떤 번뇌를 끊고 어떤 지혜를 터득하느냐는 별도로 하고 육체가 생사의 고통 속에서 헤매는 것은 하지 않아도 되는 분들입니다. "실로 왕래함이 없다(實無往來)"는 말씀은 '나는 일왕래(一往來)다'라는 생각의 티가 없다고 이해하는 것이 좋겠습니다. 수다원이 내가 수다원이란 생각을 하지 않듯이, 사다함도 내가 일왕래란 생각이 없다는 뜻입니다. 자신이 얻은 공부에 대해 자만심을 낸다면 '퇴타(頹惰)'의 요인이 됩니다. 그래서 무착스님은 일상무상분에 대해 도를 닦아 올라가는 과정에서 교만함을 여의고 의젓하고 겸손해지는 과정이라고 뜻에서 '무만주(無慢住)'라고 부른 것입니다.

須菩堤 於意云何 阿那含 能作是念 我得阿那含果
不 須菩堤言 不也 世尊 何以故 阿那含 名爲不來
而實無不來 是故 名阿那含

부처님께서 말씀하셨다.

『수보리야, 네 생각에 어떠하냐? 아나함이 생각하기를 '내가 아나함의 과위를 얻었다' 하겠느냐?』

수보리가 대답하였다.

『그렇지 않습니다. 세존이시여, 무슨 까닭인가하면 아나함은 불래(不來)라 하지만 실로는 다시 오지 아니함이 없으므로 이름을 아나함이라 하나이다.』

월운 노스님 강설

셋째, 아나함은 불래(不來)란 뜻으로 이 세상에 오지 않아도 되는 과위입니다. 아나함은 수행을 닦아 인간세상을 하직하고 하늘 세계로 갑니다. 이 분들이 가는 하늘세계는 복을 누리러 가는 하늘세계가 아니고 색계 사선천(四禪天)의 나함천에 가서 태어납니다. 그래서 '불래(不來)'라고 번역하지만 인간의 몸으로 태어나지 않을 뿐만 아니라 인간세계에 다시 오지 않는다는 생각조차 없습니다. 맑은 거울을 잘 닦아서 더 이상 손대지 않아도 된다고 가정해 봅시다. 맑아졌으므로 '다시 손질하지 않아도 되는 경지'가 된 것이지 거울 자체는 그런 생각이 없는 것과 같습니다.

須菩堤 於意云何 阿羅漢 能作是念 我得阿羅漢
道不 須菩堤言 不也 世尊 何以故 實無有法 名阿
羅漢 世尊 若阿羅漢作是念 我得阿羅漢道 卽爲
着我人衆生壽者

『수보리야, 네 생각에 어떠하냐? 아라한이 생각하기를 '내가 아라한의 도를 얻었노라 하겠느냐?'』
수보리가 대답하였다.
『그렇지 않습니다. 세존이시여, 무슨 까닭인가하면 실로 아무 것도 아라한이라 할 법이 없기 때문입니다. 세존이시여, 만일 아라한이 생각하기를 '내가 아라한의 도를 얻었노라'한다면 이는 곧 아상, 인상, 중생상, 수자상에 집착되는 것입니다.』

월운 노스님 강설

넷째, 아라한(阿羅漢)과입니다. 아라한은 성문사과(聲聞四果)의 마지막 지위로 '불생(不生)'입니다. 아나함은 나함천에 태어나서 공부를 해야 합니다. 거기서 공부가 잘못되면 나쁜 곳으로 가게 됩니다. 그런데 아라한은 공부가 잘 끝나서 더 이상 태어나지 않게 됩니다. 태어나지 않는 방법을 알 수 있다면 죽음에 대해 걱정하지도 될 것입니다. 노자는 '나에게 큰 걱정이 있으니 몸이 있기 때문이다'고 했습니다. 그런데 노자의 도교(道敎)는 몸이라는 걱정거리를 오래도록 보존하려 했으므로 '몸이 있으면 걱정'이란 자신의 말과 상충이 되어 버렸습니다. 몸이 있다면 있는 동안 괴로움이 있게 됩니다. 아라한은 태어나지 않으므로 그런 걱정이 없습니다. 우주 가운데 아라한의 정체가 뭐냐고 했을 때 어느 것도 아라한이라고 말할 수가 없습니다. 한강물이 무상하다고 하지만 한강물은 쉬지 않고 흐르므로 덧없다 할 실체가 없습니다. 그러므로 실로 아라한이라고 할 법이 없는 것입니다.

世尊 佛說我得無諍三昧人中 最爲第一 是第一
세존 불설아득무쟁삼매인중 최위제일 시제일
離欲阿羅漢 世尊 我不作是念 我是離欲阿羅漢
이욕아라한 세존 아부작시념 아시이욕아라한
世尊 我若作是念 我得阿羅漢道 世尊 卽不說
세존 아약작시념 아득아라한도 세존 즉불설
須菩堤 是樂阿蘭那行者 以須菩堤 實無所行
수보리 시요아란나행자 이수보리 실무소행
而名須菩堤 是樂阿蘭那行
이명수보리 시요아란나행

『세존이시여, 부처님께서 저를 일러서 무쟁삼매(無諍三昧)를 얻은 사람 중에 제일이라 하셨는데 이는 욕심을 여윈 아라한이기 때문입니다마는 저는 제가 욕심을 여윈 아라한이라고 생각지는 않나이다. 세존이시여, 제가 만일 생각하기를 '내가 아라한의 도를 얻었노라'한다면 세존께서는 저를 아란나행(阿蘭那行)을 좋아하는 사람이라 하시지 않으셨을 것입니다마는 수보리가 실로 그러지 않았으므로 수보리는 아란나행을 좋아한다고 하셨습니다.』

월운 노스님 강설

뒤이어 수보리 존자는 자신이 증득한 경험을 들어서 아라한과에 대한 해답이 근거가 있음을 실증하고 있습니다. 무쟁삼매(無諍三昧)는 '다툼이 없는 삼매'란 뜻으로 다툼이 없다는 것은 욕심의 번뇌가 다한 경지입니다. 아란나(阿蘭那)행은 고요함을 즐기는 수행입니다. 수보리는 마음속에 아란나행을 행한다는 생각이 추호도 없었기 때문에 부처님께서 자신을 '아란나행을 얻은 사람이라고 말했다'고 반증하고 있습니다.

지금까지의 개요를 정리해 본다면 다음과 같습니다.

> 아뇩다라 삼먁삼보리의 마음을 낸 사람은 어떻게 공부를 해야할까요?(선현기청분)
> 무주상 보시를 하라(묘행무주분)
> 부처님이 된다면 어떤 부처님이 되겠습니까? 상을 떠난 부처님이 되어야 한다.(여리실견분)
> 이토록 어려운 말을 누가 믿겠습니까? (정신희유분)
> 선근 있는 사람에 의해 믿어질 것이고, 부처님의 진정한 세계는 얻은 바도 없고 말한 바도 없는 자리다. (무득무설분)

이렇게 무득무설분은 논리의 핵심이 됩니다. 무득무설분에서 말씀하신 법문이 너무 어려우므로 부처님과 부처님의 법문이 이 경에서 나왔다'고 찬탄해 올렸습니다.(의법출생분) 그러나 진정코 얻은 바도 없고 말한 바도 없는 부처님의 말씀은 쉽게 믿기가 어렵습니다. 그래서 정신희유분에서 무득무설분까지의 내용을 일상무상분에 와서 성문사과(聲聞四果)

를 통해 다시 한번 말씀하시고 계십니다.

수다원과는 성인의 무리에 처음 들어간다고 했습니다. 성인무리라는 것은 대승의 경우는 십지(十地)보살을 말하고, 소승은 견도혹(見道惑)을 끊어서 얻는 지위입니다. 견도혹은 도를 보지 못하게 막고 있는 번뇌로 탐진치의만(貪瞋痴疑慢:탐욕, 성냄, 어리석음, 망설임, 교만)의 다섯가지 오둔사(五鈍使)와 신견(身見:내가 있다는 고집), 변견(邊見:치우친 고집), 사견(邪見:인과를 무시하는 고집), 견견(見見:위의 세가지 고집을 옳은 것이라고 하는 고집), 계금취견(戒禁取見:잘못된 수행 방법을 옳은 방법으로 아는 고집)의 오리사(五利使)입니다.

오둔사는 누구에게나 본능적으로 있는 번뇌이고, 오리사는 수행하는 과정에서만 나타나는 번뇌입니다. 오둔사와 오리사를 합쳐서 십사번뇌(十使煩惱)라고 부릅니다.

견도혹	오둔사 (五鈍使)	탐(貪)	진(瞋)	치(痴)	의(疑)	만(慢)
수도혹	오리사 (五利使)	신견 (身見)	변견 (邊見)	사견 (邪見)	견견 (見見)	계금취견 (戒禁取見)

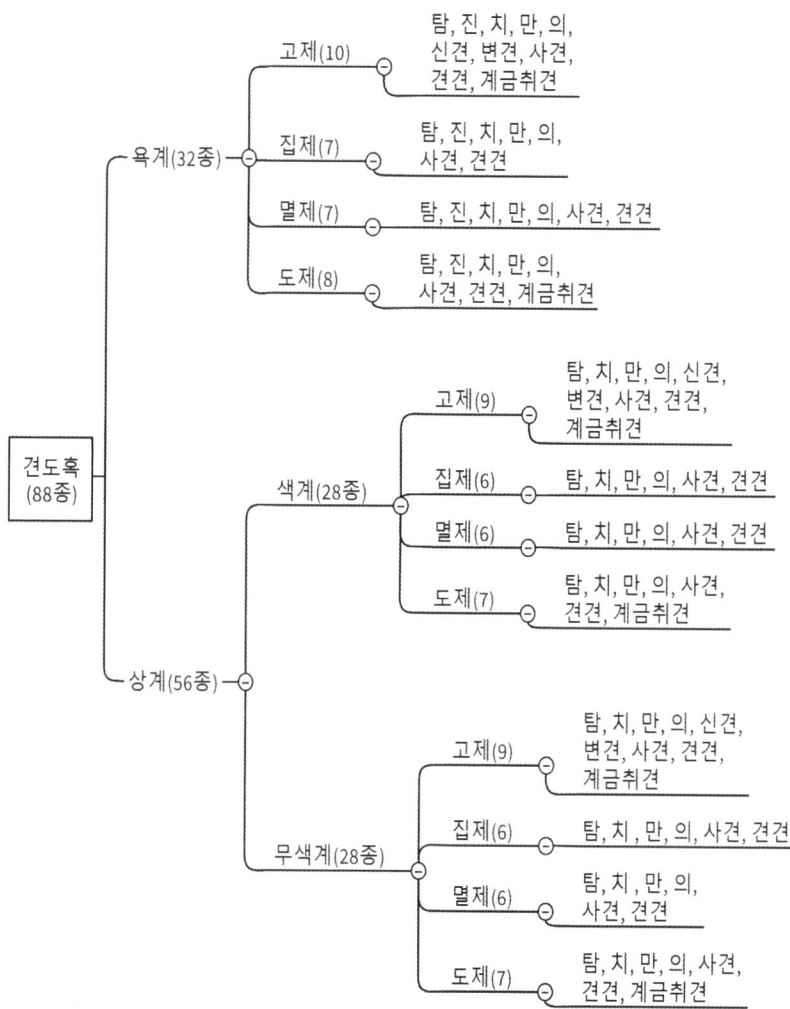

소승의 논리로는 16가지 마음으로 88가지 의혹을 끊어야 합니다. 고집멸도 사성제를 똑바로 보는 마음이 견도혹을 끊는 마음입니다. 고법지(苦法智)와 고법인(苦法忍) 두가지가 있는데 고법지(苦法智)는 고성제를 아는 지혜이고 고법인(苦法忍)은 고성제의 원리를 확인하는 내용입니다. 인과 지가 둘씩 있으므로 욕계와 상계(색계, 무색계)로 나누면 16가지 마음이 됩니다.

십사번뇌가 욕계, 색계, 무색계에 두루 퍼져 사성제를 닦지 못하게 막고 있으므로 욕계 40개, 색계 40개, 무색계 40개 해서 총 120개의 의혹이 있어야 할 터이지만, 올라가면서 가감이 있으므로 총 88혹이 됩니다. 욕계의 경우 고성제를 닦는 데는 십사(十使)번뇌가 다 있고, 집제, 멸제는 신견, 변견, 계금취견이 제외되어 7종 번뇌만 있고, 도제에는 신견, 변견이 제외되어 8종 번뇌만 있습니다. 이를 합치면 32종으로 즉 욕계의 견도혹이 됩니다.

집제와 멸제에서 신견, 변견, 계금취견을 제외한 것은 집제란 괴로움의 원인을 규명하는 방법인데 이미 닦은 고제에서 '이 몸은 괴로움 투성이'라는 것을 확실히 알았으므로 '몸이 있다'고 생각하는 신견(身見), '몸이 죽은 뒤에 영혼이 있느냐 없느냐'의 어느 한쪽에 치우친 변견(邊見), 갖은 방법으로 잘못된 수행을 해서 괴로움을 면하려는 계금취견(戒禁取見)은 더 닦을 필요가 없기 때문입니다.

도제에서 다시 계금취견을 넣은 것은 도제는 도를 실천하는 과정이므로 여기서 간혹 잘못된 방법을 옳다고 착각할 수 있기 때문입니다.

상계(上界:색계, 무색계)의 경우 욕계와 같지만 '성내는 마음(瞋)'은 무조건 제외됩니다. 하늘세계에는 모두가 즐거워서 성낼 일이 없으므로 '성내는 마음'이 있을 수가 없기 때문입니다. 그러므로 고제에 9, 집제와 멸제에 각각 6, 도제에 7이 되어 색계와 무색계에 각각 28종 번뇌만 있습니다. 따라서 상계 견도혹은 무색계와 색을 합치므로 56종이 됩니다. 이것을 다시 욕계 32혹과 합치면 총 88종 의혹이 됩니다.

사다함, 아나함, 아라한은 수도혹을 끊어서 얻는 과위입니다. 수도혹(修道惑)은 도를 닦아 나가는데 일어나는 번뇌입니다. 아집은 버렸지만 문득문득 남은 미세한 번뇌의 씨앗을 끊어야 합니다. 끊어야 할 주체는 탐진치만(貪瞋痴慢)이 됩니다. 욕계, 색계, 무색계의 삼계를 각각 9로 나누고, 각각의 하늘이 다시 9로 나누어서 총 81품 수도혹이라고 합니다. 사다함은 욕계에 해당하는 9품 수도혹에서 6품까지를 6생에 걸쳐 끊습니다. 다 끊으면 아나함이 된 뒤, 색계의 제 4선천의 하나인 오나함천(五那舍天:무번천,무열천,선현천,진견천,색구경천)에 태어납니다. 여기서 수도혹을 다 끊으면 아라한이 됩니다.

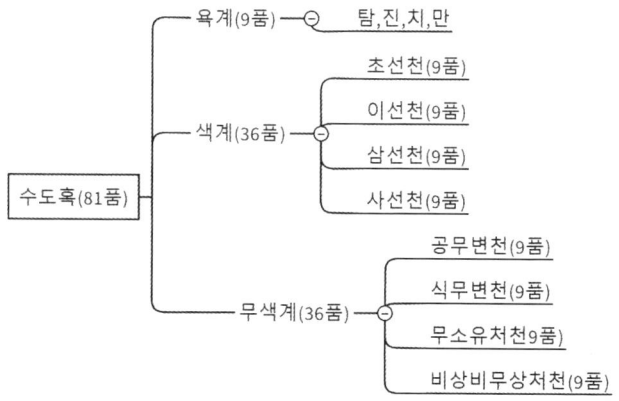

10
장엄정토분
莊嚴淨土分

청정국토를 장엄한다

세친스님의 의문 5
석가 부처님도 연등불께 설법을 듣지 않았나?

佛告 須菩提 於意云何 如來昔在燃燈佛所
불고 수보리 어의운하 여래석재연등불소
於法有所得不 不也 世尊如來在燃燈佛所 於法
어법유소득부 불야 세존여래재연등불소 어법
實無所得
실무소득

부처님께서 말씀하셨다.

『수보리야, 네 생각에 어떠하냐. 여래가 옛적에 연등 부처님께 법을 얻은 것이 있느냐?』

『아니옵니다. 세존이시여, 여래께서는 연등 부처님께 실로 아무런 법도 얻은 바가 없습니다.』

월운 노스님 강설

장엄정토분이란 말은 '청정국토를 장엄한다'는 뜻입니다. 불국토를 장엄하는 것은 마당을 청소하는 등의 외형적인 장엄이 아니라 성불하거나 중생을 제도해서 세간을 아름답게 꾸며가는 일입니다. 정신희유분에서 수보리의 물음이 있은 후에 무득무설분에서 부처님의 진정한 모습은 법보와 삼신을 통해 얻은 바가 없고 설한 바가 없다고 했습니다. 일상무상분에서는 성문들도 얻은 바가 없다는 것으로써 부처님도 얻은 바가 없다는 것을 말씀하셨습니다. 이를 '거열현성(擧劣顯聖)-열등한 것을 들어서 성현의 모습을 드러냄'이라고 합니다. 일상무상분에 이어 장엄정토분에서는 실로 '화신 부처님은 얻으신 바가 없다'는 것을 다시 말씀하십니다. 세친스님은 장엄정토분을 '석가부처님도 연등불께 설법을 듣지 않았는가?(釋迦然燈取說疑)하는 의문을 푸는 대목이라고 했습니다. 무착스님은 '금강경을 수지 독송하고 믿음을 낸 공덕으로 부처님 태어나시는 세상을 여의지 않는다.'고 했습니다. 신근이 두터운 사람은 비록 말법이지만 불법이 있는 곳에 태어나게 된다는 의미입니다.

부처님께서는 과거 연등불을 만나 설법을 듣고 깨친 바 있어 수기까지 받았습니다. 그리고 그것이 뿌리가 되어 성불하게 되셨다고 알려져 있습니다. 그렇다면 부처님도 얻은 바가 있어서 성불한 것일 텐데 어째서 무득무설분에서 법신, 보신, 화신은 얻은 바가 없다고 하는 걸까요? 나는 삼신무취(三神無取:삼신이 모두 얻은 바가 없음)의 개념속에서 화신이 얻은 것이 없고, 설한 바가 없다는 것을 이 대목을 통해 말씀하셨다고 보고 있습니다. 왜 그럴까요? 일상무상분에서 성문사과의 예를 들어 말씀하셨듯이 무엇인가 얻은 바가 있다면 얻은 바의 경지가 아니기 때문입니다. 즉 얻은 바가 없는 경지에 이르러야 부처가 되는 것입니다.

연등부처님께 얻은 바가 있느냐의 물음은 17번째 구경무아분에 가서 한 번 더 언급이 됩니다. 16분까지는 '얻은 바가 있다'고 생각하는 분들에게 '얻은 바가 없다'고 설하시는데, 17분 이후부터는 설하시는 방향이 바뀝니다. 현실을 너무 부정하다 보니 아무것도 없다는 생각에 빠지게 되므로 얻은 바가 없다는 것이 아무 것도 없는 단멸공이 아니라는 뜻에서 연등불 이야기가 언급됩니다. 앞 16분까지와는 다른 방향입니다.

세친스님의 의문 6
보살들이 불국토를 장엄하는 것은 얻음 아닌가?

須菩堤 於意云何 菩薩莊嚴佛土不 不也 世尊 何以
수 보 리   어 의 운 하   보 살 장 엄 불 토 부   불 야   세 존   하 이

故 莊嚴佛土者 卽非莊嚴 是名莊嚴 是故 須菩堤
고   장 엄 불 토 자   즉 비 장 엄   시 명 장 엄   시 고   수 보 리

諸菩薩摩訶薩 應如是生淸淨心 不應住色生心 不
제 보 살 마 하 살   응 여 시 생 청 정 심   불 응 주 색 생 심   불

應住聲香味觸法生心 應無所住 而生其心
응 주 성 향 미 촉 법 생 심   응 무 소 주   이 생 기 심

『수보리야, 네 생각에 어떠하냐? 보살들이 불국토를 장엄하느냐?』

『그렇지 않습니다. 세존이시여. 무슨 까닭인가 하면 불국토를 장엄하는 것은 장엄이 아니므로 장엄이라 이름 하나이다.』

『그러므로 수보리야, 보살마하살은 꼭 이렇게 청정한 마음을 내어야 하나니 색(色)에 머물러서 마음을 내지도 말고 성향미촉법(聲香味觸法)에 머물러서 마음을 내지도 말아야 하나니 아무데도 머무는 데 없이 마음을 내어야 하느니라.』

월운 노스님 강설

연등부처님께 얻은 바가 있었느냐는 화신이 얻은 바가 없다는 것을 말한 것이라면, '보살장엄불토'부터 장엄정토분의 끝까지는 보신 부처님이 얻은 바가 없다는 내용입니다. 화신과 보신이 얻은 바가 없다면 법신은 자연히 얻은 바가 없다고 할 것입니다. 법신은 불불불상견(佛佛不相見)이므로 말할 것도 없습니다. 그러면 왜 이 대목을 보신의 경계로 보는 걸까요?

보신은 장엄된 불국토를 누립니다. 석가모니불은 화신불이라고 할 때, 화신불은 중생들이 알아보기 좋게 장육(丈六)존신, 32상처럼 보기 알맞은 몸을 나투신 부처님입니다. 더 이상 나가면 중생들은 알아보지 못합니다. 보신은 끝없이 장엄함 속에서 살아갑니다. 여기 나오는 장엄불토는 실제로 장엄이라고는 볼 수 없습니다. '아라한이 아라한이 아니므로 아라한'이라고 하는 것과 같습니다. 속제-제일의제-속제의 공식입니다. 보살마하살은 보신이 불국토를 수용하시는 것처럼 중생을 제도하고 성불해 나가는 길이 응당 이와 같이 청정한 마음을 내게 됩니다. 청정한 마음이란 '머무는 것 없이 낸 마음'입니다. 장엄하고도 장엄했다는 생각이 없는 것이 청정한 마음입니다. 머무는 것 없이 마음을 낸다는 것은 '색성향미촉법에 머물지 않고 내는 마음'이니, 보신이 불국토를 장엄하는 모습입니다.

세친스님의 의문 7
보신을 이루신 것도 얻음이 아닌가?

須菩堤 譬如有人 身如須彌山王 於意云何
수 보 리 비 여 유 인 신 여 수 미 산 왕 어 의 운 하
是身爲大不 須菩堤言 甚大 世尊 何以故 佛說
시 신 위 대 부 수 보 리 언 심 대 세 존 하 이 고 불 설
非身 是名大身
비 신 시 명 대 신

『수보리야, 가령 어떤 사람이 몸이 수미산 같다면 어떻게 생각하느냐 그 몸이 크지 않겠느냐?』
수보리가 대답하였다.
『엄청나게 크옵니다. 세존이시여, 왜 그런가 하오면 부처님께서는 몸 아님을 말씀하셨으므로 큰 몸이라 이름하셨기 때문이옵니다.』

월운 노스님 강설
　수미산왕(須彌山王)은 보신 부처님의 몸을 얘기합니다. 몸이 태어나기 위해서는 의보(依報)와 정보(正報)가 있어야 합니다. 우리가 살고 있는 세계의 모습이 의보(依報)이고, 세계 속에 태어난 몸이 정보(正報)입니다. 여기서는 보신 부처님은 의보도 얻은 바가 없고 정보도 얻은 바가 없다는 말씀을 하시고자 합니다. 이 부분을 무착스님은 '불국토를 장엄하는 기능, 중생들을 성숙시켜주는 공덕을 이루고 장애를 여읜다'는 얘기로 보셨습니다.

몸이 수미산 같이 큰 사람은 1)보신의 정보(正報)를 비유한 의미고 2) 수미산 같이 '만덕이 장엄한 보신의 몸'의 비유입니다. 다른 데에서는 A는 A가 아니므로 A라는 논리를 구성했는데 여기서는 좀 다릅니다. 원래대로라면 '부처님께서 몸이라고 말씀하시는 것은 곧 몸이 아니므로 몸이라고 말씀하셨습니다.'라고 해야 할 것입니다. 부처님께서 몸 아님을 말씀하셨는데, '몸 아님'이란 제일의제(第一義諦)에서는 '큰 몸'이란 말이 있을 수 없는데 '큰 몸'이란 말을 붙였으니 세속제에 의해 '큰 몸'이라고 했을 뿐이란 뜻입니다. 많은 보살님에게 존경을 받는 보신 부처님도 제일의제에 의하면 '보신도 얻은 바도 없다'고 결론짓습니다. 미륵게송에는 '산왕(山王)이 취함이 없는 것과 같이 보신 부처님의 세계도 이와 같다. 모든 유루법을 다 여의고 유위의 법도 다 여의었다(如山王無取 受報亦復然 遠離於諸漏 及有爲法故)'고 했습니다. 분별망상으로는 반연할 수 없는 세계이므로 보신의 세계는 '얻음이 없는 세계'라는 것을 말하기 위해 '수미산같이 큰 몸'을 들어서 비유하신 것입니다.

이렇게 장엄국토분에서 부처님께서 연등부처님께서 법을 얻은 바가 없다는 것은 화신이 얻은 바가 없는 것을 말한 것이고, 보살도 불국토를 장엄한 것도 없다는 것, 수미산 같이 큰 몸이 큰 몸이 아니라 것은 보신이 얻은 바가 없는 것입니다. 화신과 보신이 얻은 바가 없으므로 법신도 얻은 바가 없습니다. 화신, 보신, 법신 즉 삼신(三身)이 모두 얻은 바가 없으므로, 우리와 함께 영원히 존재한다는 엄청난 철학이 여기서 설시되고 있습니다. 이런 말씀은 금강경이 아닌 다른 경전에 없으므로 금강경의 공덕이 수승하다고(校量功德) 할 것입니다.

11

무위복승분
無爲福勝分

무위의 복을 따르니
복이 수승하다

須菩堤 如恒河中所有沙水 如是沙等恒河
수 보 리 여 항 하 중 소 유 사 수 여 시 사 등 항 하

於意云何 是諸恒河沙 寧爲多不 須菩堤言
어 의 운 하 시 제 항 하 사 영 위 다 부 수 보 리 언

甚多世尊 但諸恒河 尙多無數 何況其沙 須菩堤
심 다 세 존 단 제 항 하 상 다 무 수 하 황 기 사 수 보 리

我今實言告汝 若有善男子 善女人 以七寶滿爾
아 금 실 언 고 여 약 유 선 남 자 선 여 인 이 칠 보 만 이

所恒河沙數 三千大千世界 以用布施 得福多不
소 항 하 사 수 삼 천 대 천 세 계 이 용 보 시 득 복 다 부

須菩堤言 甚多 世尊 佛告 須菩堤 若善男子
수 보 리 언 심 다 세 존 불 고 수 보 리 약 선 남 자

善女人 於此經中 乃至 受持四句偈等 爲他人說
선 여 인 어 차 경 중 내 지 수 지 사 구 게 등 위 타 인 설

而此福德 勝前福德
이 차 복 덕 승 전 복 덕

『수보리야, 항하에 있는 모래처럼 많은 항하가 있다면, 어떻게 생각하느냐, 이렇게 많은 항하의 모래 수효가 많지 않겠느냐?』
수보리가 대답하였다.
『대단히 많겠나이다. 세존이시여, 그 항하들만 하여도 엄청나게 많겠거든 하물며 그 여러 항하의 모래이겠습니까?』
『수보리야, 내가 지금 참말로서 말하노니 어떤 선남자 선녀인이 그렇게 많은 항하의 모래같이 많은 삼천대천세계에 칠보를 가득히 채워서 보시에 쓴다면 그 복덕이 많지 않겠느냐?』
수보리가 대답하였다.』
『매우 많겠나이다. 세존이시여!』
부처님께서 수보리에게 말씀하셨다.
『만일 어떤 선남자나 선녀인이 이 경에서 사구게 만이라도 받아 지니고 다른 사람에게 설명해주면 그 복덕은 앞에서 칠보로 보시한 복덕보다 수승하니라.』

월운 노스님 강설

무위복승분은 무위의 법을 따르면 복이 수승하다는 뜻입니다. 무착스님은 이 대목에 대해 말세 중생들이 금강경을 좋아함으로써 외도의 산란된 말에 따르지 않고, 중생을 교화할 때에도 외도와 혼동되지 않게 하는 공덕이 생긴다고 했습니다. 세친스님은 장엄정토분의 말씀을 보충하는 교량공덕(校量功德)으로 보았습니다.

'항하'→'항하의 모래'→'항하의 모래처럼 많은 삼천대천세계'는 점층적으로 늘어나고 있는 비유입니다. 의법출생분에서도 '삼천대천세계'를 칠보로 보시한 말씀이 나오는 데, 그때는 하나의 삼천대천세계만을 언급했습니다. 여기서는 '항하의 모래같이 많은 삼천대천세계'를 칠보로 장엄한다고 했으니, 점점 더 커지는 비유를 들어 수승한 공덕을 드러내고 있습니다.

이렇게 큰 칠보로 보시한 공덕을 어떻게 사구게 하나 지송하고 해설한 공덕이 감당하는 것일까요? 이 경과 사구게를 통해 일체제불의 법신이 나왔기 때문입니다. 경을 지송할 때 지혜의 눈이 열려서 성불한다면 무루의 복이 되므로 모든 것을 초월할 수 있는 것입니다. 유루의 복을 지으면 유루 복덕을 누리기 위해 언젠가 좋은 곳에 태어나게 되고, 이로써 끄달려 다니기 때문에 진정한 복덕이 될 수 없습니다. 그러므로 이 경은 부처님의 어머니이며, 이 경이 있는 곳은 부처님이 계신 곳이 됩니다.

12

존중정교분
尊重正教分

올바른 가르침을 존중한다

復次 須菩堤 隨說是經 乃至 四句偈等 當知
부차 수보리 수설시경 내지 사구게등 당지

此處 一切世間 天人 阿修羅 皆應供養 如佛塔
차처 일체세간 천인 아수라 개응공양 여불탑

廟 何況有人 盡能受持讀誦 須菩堤 當知是人
묘 하황유인 진능수지독송 수보리 당지시인

成就最上第一希有之法 若是經典所在之處
성취최상제일희유지법 약시경전소재지처

卽爲有佛 若尊重弟子
즉위유불 약존중제자

『또 수보리야, 어디서나 이 경을 말하되 사구게만 설명하더라도 온 세계의 하늘 무리나 세상 사람이나 아수라 들이 모두가 공경하기를 부처님의 탑과 같이 할 것이어늘, 하물며 어떤 사람이 끝까지 다 지니어 읽거나 외울 때이겠는가. 수보리야, 이 사람은 가장 높고 제일이고 희유한 법을 성취하게 되리니 이 경이 있는 곳은 곧 부처님이나 혹은 거룩한 제자님들이 계신 곳이 되느니라.』

월운 노스님 강설

존중정교분은 올바른 가르침을 존중한다는 뜻으로, 금강경의 가르침이 최고라는 내용입니다. 앞의 무위복승분에서 금강경을 읽으면 좋다는 교량공덕을 말씀하셨고, 존중정교분도 역시 교량공덕의 한 부분입니다. 왜 이렇게 교량공덕이 길게 두 대목씩이나 내려가면서 말하고 있을까요? 장엄정토분에서 법보와 삼신(三身)이 얻은 바가 없다는 것을 구체적으로 제시했습니다. 이렇게 거룩한 법문이 쓰인 경이므로 아무리 훌륭한 말로 찬탄해도 지나칠 것이 없다는 취지입니다.

무위복승분의 내용이 길어지면서 소명태자가 따로 끊어서 존중정교분이라고 이름한 것으로 보입니다. 경문의 끝부분에 '이 경이 있는 곳은 곧 부처님이나 혹은 거룩한 제자님들이 계신 곳이 되느니라(若是經典所在之處 卽爲有佛 若尊重弟子)'란 말이 나오는데 '존중정교(尊重正敎)'란 이름은 이 구절에서 유래했습니다. 말법시대에 부처님의 법을 펴는 법사는 '믿고(信解), 받아 지니고(受持), 읽고 외우고(讀誦), 옮겨 쓰고(書寫) 남을 위해 해설(爲人解說)'하는 다섯 가지 수행을 하므로 오종법사(五種法師)라고 부릅니다. '이 경을 말하되 사구게만 설명하더라도'란 구절은 오종법사중 '남을 위해 해설(爲人解說)'에 해당하는 일입니다.

하늘 무리는 인간보다 복이 수승해서 교만합니다. 세상 사람들은 탐진치(貪瞋癡)에 가려서 거룩한 말씀에 귀를 기울이지 않습니다. 아수라는 싸움만 하는 무리인데 역시 공경하게 됩니다. 이것이 바로 금강경이 가지고 있는 부사의한 힘입니다. 일제강점기에 수월스님이란분이 계셨습니다. 간도 지방의 사나운 개들도 수월스님이 타이르면 얌전하게 변했다고 합니다. 이것은 완력이나 연기로 되는 것이 아니고 실제 수행의 힘으로 짐승까지도 교화한 경우입니다.

　이 경이 있는 곳이 곧 부처님이나 혹은 거룩한 제자님들이 계신 곳과 같은 이유는 무엇일까요? 법보와 삼신이 얻은 바가 없다는 철학이 여기서 나왔으므로 부처님이 계신 곳과 같은 것입니다. 이 부분을 무착스님은 '중생들이나 사물들을 여실하게 볼 수 있는 안목을 갖게 된다'고 하셨습니다. 경전이 계신 곳이, 탑이나 부처님이 계신 곳이란 의미에 한정된 것이 아니라 '중생도 부처로 볼 수 있는 공부'가 이루어지는 대목이란 뜻입니다. 세친스님은 무위복승분에 이은 '교량공덕에 대한 해석'으로 보아 이 경을 설하는 장소도 소중하고, 이 경과 사구게를 설하는 사람도 소중하다고 했습니다. 이렇게 해서 정신희유분에서 시작된 수보리 존자의 두 번째 질문이 여기서 끝이 납니다. 본인은 이 대목이 '믿음을 권한다'는 취지에서 설해졌으므로 '거과권신(擧科勸信)'이라고 과목이름을 붙여 보았습니다.

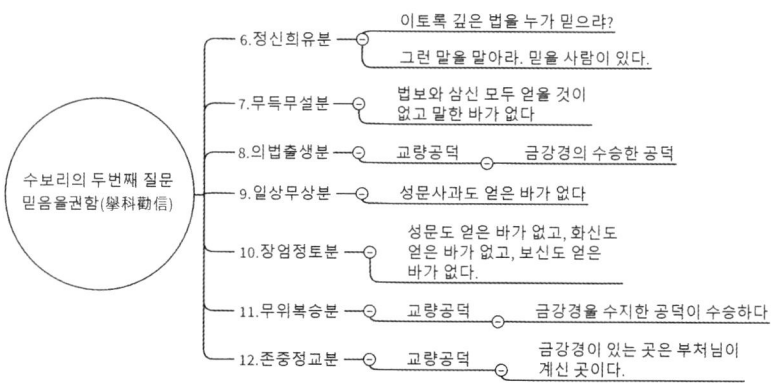

II 정종분

세번째 질문
믿음을 세움
因勸立信

13. 여법수지분

13

여법수지분
如法受持分

여법하게 받아 지닌다

爾時 須菩提白佛言 世尊 當何名此經 我等云
이시 수보리백불언 세존 당하명차경 아등운

何奉持 佛告 須菩提是經 名爲 金剛般若波羅
하봉지 불고 수보리시경 명위 금강반야바라

蜜 以是名字 汝當奉持 所以者何 須菩堤 佛說
밀 이시명자 여당봉지 소이자하 수보리 불설

般若波羅蜜 卽非般若波羅蜜 是名般若波羅蜜
반야바라밀 즉비반야바라밀 시명반야바라밀

그때에 수보리가 부처님께 사뢰었다.
『세존이시여, 이 경의 이름은 무엇이라 하며 우리들이 어떻게 받들어 지니오리까?』
부처님께서 대답하셨다.
『이 경은 이름이 금강반야바라밀이니 이 이름으로서 너희들은 받들어 지니라. 그 까닭이 무엇이겠느냐. 수보리야, 부처가 반야바라밀이라 말한 것은 곧 반야바라밀이 아니기 때문이니라.』

월운 노스님 강설

여법수지분은 '여법하게 받아 지닌다'는 뜻입니다. 이 강의는 수보리가 정식으로 부처님께 사뢴 질문을 중심으로 금강경을 나누어 보고자 했습니다. 첫 번째 질문은 선현기청분에서 수보리 존자가 어떻게 머무르고 어떻게 항복 받는가를 물으셨고, 두 번째 질문은 정신희유분에서 그토록 깊은 법을 누가 믿겠느냐고 물으셨습니다. 여법수지분은 수보리의 세 번째 질문 '이 경의 이름을 무엇이라 하고, 어떻게 받들어 지니오리까?'로 시작됩니다.

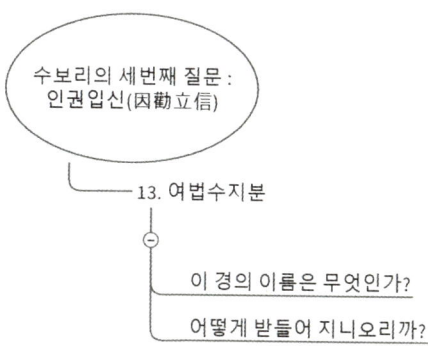

금강(金剛)은 사물가운데 가장 굳건한 것, 반야(般若)는 지혜, 바라밀(波羅密)은 '저 언덕에 이른다.'는 뜻입니다. 금강(金剛)은 견리명(堅利明)이란 세 가지 뜻으로 되어 있습니다. 견(堅)은 가장 견고해서 어떤 것에게도 부수어지 않는 뜻이 있고, 리(利)는 가장 날카로운 칼이어서 어떠한 물건도 베어낼 수 있는 날카로움이고, 명(明)은 어떤 어둠도 몰아낼 수 있는 밝음을 말합니다. 금강(金剛)을 들어서 반야의 의미를 함축시켰으므로, 어떤 번뇌도 다 끊어 내므로 능단반야(能斷般若)라는 의미가 됩니다. '이 경의 이름이 무엇입니까?' 라는 질문에 대해 이름을 가르쳐 주

심과 동시에 금강경이 지닌 의의와 기능을 말씀하셨으니. 이를 '약의변명(約義辨名)'이라고 합니다. '이 이름으로 받들어 지니란 뜻'은 금강반야바라밀의 뜻을 믿고, 번뇌를 이겨내라는 것이니 곧 여법하게 수지하는 방법입니다. 만약 입으로만 말하고 마음으로 관조하지 못한다면 아무런 의미가 없다는 뜻입니다.

그렇다면 왜 '금강반야바라밀'이란 이름으로 받아 지니라고 하고 계실까요? 부처가 반야바라밀이라고 한 것은 반야바라밀이 아니기 때문입니다. 제일의제 자리에는 반야바라밀이 없으므로 말만 반야바라밀이라고 한 것에 불과하므로 말에 착(着)하지 않을 때 제 기능을 다 할 수 있을 것입니다.

무착스님은 이 부분을 '모든 사물을 똑바로 보는 공덕을 갖추는 곳'이라고 했습니다. 금강반야바라밀을 있는 그대로 봐야지 그 이상도 그 이하로 보아서도 안 됩니다. 누가 이 말 하면 이쪽으로 따르고, 저 말하면 저쪽으로 따르는 집착이 사라질 때. 즉 사실을 사실대로 보는 공덕이 생기므로 금강반야는 대치여언집(對治如言執:언어의 집착을 치료함)이라고 했습니다.

須菩堤 於意云何 如來有所說法不 須菩堤白佛言
수 보 리 어 의 운 하 여 래 유 소 설 법 부 수 보 리 백 불 언
世尊 如來無所說 須菩堤 於意云何 三千大千
세 존 여 래 무 소 설 수 보 리 어 의 운 하 삼 천 대 천
世界所有微塵 是爲多不 須菩堤言 甚多世尊
세 계 소 유 미 진 시 위 다 부 수 보 리 언 심 다 세 존

須菩堤 諸微塵如來說 非微塵 是名微塵如來
說世界 非世界 是名世界 須菩堤 於意云何 可
以三十二相見如來不 不也 世尊 不可以三十二
相得見如來 何以故 如來說三十二相 卽是非相
是名三十二相

『수보리야, 네 생각에 어떠하냐, 여래가 법을 말한 것이 있느냐?』
수보리가 대답하였다.
『세존이시여, 여래께서는 법을 말씀하신 바가 없습니다.』
『수보리야, 네 생각에 어떠하냐. 삼천대천세계에 있는 티끌이 많지 않겠느냐?』
수보리가 대답하였다.
『엄청나게 많습니다. 세존이시여.』
『수보리야, 여래가 말한 티끌은 티끌이 아니므로 티끌이라 하며 여래가 말한 세계는 세계가 아니므로 세계라 이름하느니라.』
『수보리야, 네 생각에 어떠하냐. 32상으로써 여래를 볼 수 있겠느냐?』
『아니옵니다. 세존이시여. 32상으로는 여래를 보지 못하리니, 무슨 까닭인가 하면 여래께서 말씀하신 32상은 곧 상이 아니므로 32상이라 이름하나이다.』

월운 노스님 강설

'여래가 법을 말한 적이 있느냐?'란 질문은 위의 무득무설분에서 하신 말씀이 다시 나온 것입니다. 한번 하신 말씀을 거듭 듣고 와서 '부처님은 얻은 바가 없다'는 말에 대한 믿음을 다시 물으신 것입니다. 의법출생분에서 "항하의 모래알처럼 많은 삼천대천세계에 칠보로 보시한 복덕보다 금강경 사구게 만이라도 받아 지니고 다른 사람에게 설명해주는 게 수승하다"는 말씀이 나온 적이 있습니다. 모든 불법이 금강경에서 나왔으므로 복덕이 수승하다는 믿음을 정착시키는 말씀입니다. 티끌이 모여서 세계가 되고, 세계가 부서지면 티끌이 됩니다. 따라서 티끌과 세계는 말만 있을 뿐 제일의제의 입장에서는 없는 것과 같다는 뜻입니다.

겉모양으로 여래를 볼 수 없다는 말과 32상 얘기는 여리실견분에서 하신 말씀입니다. 중요한 말씀을 다시 거론해서 확정을 짓는 논법입니다. 무착스님은 이 대목을 '공양급시여래주(供養給侍如來住)'라고 했습니다. 부처님을 끝까지 여법하게 공양한다, 또는 겉모양만 보지 않고 참모습을 따르는 것이 진정한 공양이라는 말씀입니다. 보현보살십종대원도 부처님을 공양하는 얘기인데, 알고 보니 부처님의 법신을 찾아 헤메는 노래였습니다. 세친스님은 '보신도 얻은 바가 있는 것이 아니냐?'는 의문에 대한 해명으로 금강경의 공덕이 수승하다는 믿음을 자리 잡아 주는 것으로 보았습니다. 이를 '감과이상승(感果離相勝)'이라 해서 '금강경에 의해 과를 얻으면 얻어진 자리는 상을 여읜 자리에 있다'고 했습니다. 단순하게 보자면 이 대목은 앞에서 말씀하신 중요한 대목을 다시 재확인하고 그에 대한 이론이 믿음으로 정착되는 내용이기도 합니다.

須菩提 若有善男子 善女人 以恒河沙等身命布施
수보리 약유선남자 선여인 이항하사등신명보시

若復有人 於此經中 乃至 受持四句偈等 爲他人
약부유인 어차경중 내지 수지사구게등 위타인

說 其福甚多
설 기복심다

『수보리야, 어떤 선남자 선녀인이 항하의 모래같이 많은 목숨을 보시하고 또 다른 어떤 사람은 이 경에서 한 사구게만이라도 받아 지니고 다른 사람에게 말하여 주면 그 복이 저 복보다 더 많으리라.』

월운 노스님 강설

금강경에는 공덕이 많다는 대목이 11번 나오는데, 여법수지분은 농도가 좀 짙습니다. 다른 데서는 칠보와 같은 재물로 보시한다고 했는데, 여기서는 목숨으로 보시한다고 했습니다. 세친스님은 몸 밖의 재물이 아니라 몸 자체를 공양하는 것으로 공덕을 비교(內財校量)해서 '보신도 얻은 바가 있는 것이 아니냐?'는 질문에 대한 답이라고 했습니다. 이 말씀은 비록 일리가 있습니다만 보신에 대한 말씀이 너무 늘어지고 있으므로, 이보다는 '여법수지분'은 믿음이 확정된 말씀에 대한 교량공덕(校量功德)으로 보는 게 좋겠습니다.

II 정종분

네번째 질문
이해를 일으킨다
因信起解

14. 이상적멸분
15. 지경공덕분
16. 능정업장분

14

이상적멸분
離相寂滅分

상을 여의어서 적멸하다

爾時 須菩堤 聞說是經 深解義趣 涕淚悲泣
이시 수보리 문설시경 심해의취 체루비읍

而白佛言 希有世尊 佛說 如是甚深經典 我從昔來
이백불언 희유세존 불설 여시심심경전 아종석래

所得慧眼 未曾得聞 如是之經
소득혜안 미증득문 여시지경

그때에 수보리가 이 경 말씀하시는 것을 듣자, 뜻을 잘 알고는 눈물을 흘리면서 부처님께 사뢰었다.
『희유하시옵니다. 세존이시여 부처님께서 이렇게 뜻깊은 경전을 말씀하시는 것은 제가 지혜의 눈을 뜬 이후로 아직까지 일찍이 듣지 못하던 바이옵니다.』

월운 노스님 강설

이상적멸분은 상을 여의어서 적멸하다는 뜻입니다. 상을 여의었다는 것은 외형을 떠난다는 것이니까 외형에 집착되지 않는다는 얘기입니다. 수보리가 예를 갖추어 질문한 것이 총 6번인데 이상적멸분은 수보리의 네 번째 질문이 나옵니다. 저는 네 번째 질문에 '인신기해(因信起解) - 믿음으로 이해를 일으킨다. - 라고 과목을 붙여 보았습니다. 불교를 이해하려면 신해행증(信解行證)이란 과정이 필요합니다. 믿음(信)을 일으켜서 견해(解)로 정착되어야 하고, 행(行)으로 연결되어 깨달음(證)으로 이어져야 합니다. 불법을 말할 때 신해행증의 요소가 없으면 한편의 법문이나 논설이 되기 어렵다고까지 말하고 있습니다. 믿음에 의해 견해로 정착되고, 견해로 정착되어 믿음이 생기므로 신(信)과 해(解)는 하나로 볼 수도 있습니다.

앞에서 말한 여법수지분은 화엄경의 거과권락생신분(擧果勸樂生信分)처럼 '권하는 말씀에 의해 믿음이 확실히 서는 대목(因勸立信)'으로 이해하고 싶고, 이번의 이상적멸분은 '믿음(信)에 의해 확고한 지식(解)으로 자리 잡는 대목(因信起解)'으로 보고 싶습니다. 적멸이란 오고 감이 없다는 뜻으로, 적멸의 세계는 상이 없습니다. 올바른 이해의 세계도 두 번 세 번 따지고 의심할 여지가 없습니다. 수보리는 이 말씀이 너무 좋아서 눈물을 흘리며 질문을 합니다.

世尊 若復有人 得聞是經 信心淸淨 卽生實相 當知
세존 약부유인 득문시경 신심청정 즉생실상 당지

是人成就第一 希有功德 世尊 是實相者 卽是非相
시인성취제일 희유공덕 세존 시실상자 즉시비상

是故 如來說名實相
시고 여래설명실상

『세존이시여, 만일 어떤 사람이 이 경을 듣고 믿음이 깨끗해지면 실상을 깨달으리니, 이 사람은 제일 희유한 공덕을 성취한 사람이옵니다. 세존이시여, 이 실상은 상이 아니므로 여래께서 실상이라 말씀하시나이다.』

월운 노스님 강설

정신희유분에서 "어떤 중생이 이러한 말씀(章句)을 듣고서 진실이란 믿음을 내겠습니까?"란 질문을 한 바 있습니다. 그런데 이제 수보리 존자가 깨달아서 알았으므로 '이 경을 지니고 믿음이 깨끗해지면'이란 말씀으로 발전합니다. 믿음이 익어서 견해(解)로 정착된 대목으로 '깨끗한 믿음'을 낸 사람은 몸을 버려서 얻은 공덕보다도 희유한 공덕을 성취한 사람입니다. '실상은 상이 아니므로'라고 말씀하신 것은 자취를 털어내는 불적(拂跡)입니다. 제일의제의 입장에서 실상의 본체는 모습 없는 모습이지만, 세속제에 따르면 이름이 실상이라는 말입니다.

世尊 我今得聞如是經典 信解受持 不足爲難
세존 아금득문여시경전 신해수지 부족위난
若當來世 後五百歲 其有衆生 得聞是經 信解受持
약당래세 후오백세 기유중생 득문시경 신해수지
是人 卽爲第一希有 何以故 此人 無我相 無人相
시인 즉위제일희유 하이고 차인 무아상 무인상
無衆生相 無壽者相 所以者何 我相 卽是非相
무중생상 무수자상 소이자하 아상 즉시비상
人相 衆生相 壽者相 卽是非相 何以故 離一切諸相
인상 중생상 수자상 즉시비상 하이고 이일체제상
卽名諸佛 佛告 須菩堤 如是如是
즉명제불 불고 수보리 여시여시

『세존이시여, 제가 지금 이 경을 듣고 그대로 믿어 받아 지니기는 어렵지 않으나 만일 다음 세상 마지막 오백세에 어떤 중생이 이 경을 듣고 그대로 믿어 받아 지닌다면, 이 사람이야말로 제일 희유하리니 무슨 까닭인가 하면 이 사람은 아상, 인상, 중생상, 수자상이 전혀 없기 때문이옵니다. 어째서 그런가 하면 아상이 곧 상이 아니요 인상, 중생상, 수자상도 곧 상이 아니기 때문입니다. 그 까닭을 말하오면 온갖 상을 여읜 이를 부처라 하기 때문이옵니다.』
부처님께서 수보리에게 말씀하셨다.
『그러하니라, 그러하니라.』

월운 노스님 강설

"제가 이 경을 듣고 그대로 믿어 받아 지니기는 어렵지 않으나" 라고 할 때 받아 지니는 사람은 수보리 존자입니다. 정신희유분에서는 수보리 존자가 '그토록 깊은 법을 누가 믿겠는가?'라고 물었는데, 여기 와서는 확실한 믿음을 내하고 있습니다.

선현기청분에서 수보리는 부처님께 "희유 세존"이라고 찬탄했는데, 이상적멸분에서도 "희유 세존"이라고 찬탄하고 있습니다. 앞에서는 도리를 모르고 있는 입장에서 배움을 청한 것이고, 여기서는 견해와 신념이 굳어졌으므로 깊은 농도로 찬탄하고 계신 셈입니다. 그래서 저는 이상적멸분은 위에서 하신 말씀을 거듭 하심으로써 상을 버리는 일을 강조하는 대목이라고 보고 있습니다.

말법 중생이 의심없이 진정한 믿음을 내면 큰 공덕이 생기는 이유는 무엇일까요? 이 앞에서는 '아상, 인상, 중생상,수자상이 없으면'이라고 하셨는데 여기는 '전혀 없다'고 했습니다. 제1의제를 확실히 이해하기 때문입니다. 궁극적으로 온갖 상이란 사상과 사상을 여의었다는 생각을 말합니다. 이건 수보리의 생각이자 부처님의 가르침입니다.

사상이 없어진 것을 아공(我空)이라 하고, 사상을 여의었다는 생각을 여읜 것을 법공(法空)이라고 합니다. 아공과 법공을 얻은 것이 없다는 것을 구공(具空)이라고 합니다. 이 삼공을 얻은 이를 부처라고 합니다.

"그러하니라 그러하니라(如是如是)" 란 말씀은 금강경에 두 번 나오는데, 여기서 처음 등장합니다. 부처님의 속마음에 꼭 맞는 말씀을 수보리 존자가 대답한 것입니다. 이것이 바로 이상적멸(離相寂滅)입니다. 진정코 믿음이 있는 사람은 이 경을 듣고, 놀라지 않으며, 겁내지 않으며, 두려워하지 않는다고 했습니다.

놀란다는 것은 '그런 말이 있을 리가 없다'는 것이고, 겁낸다는 것은 '나는 해당이 없다'는 것이고, 두려워하는 것은 '나를 속이는 것이다'는 것입니다. 이런 마음이 없는 마음을 소위 '청정한 마음, '실상을 내는 마음'이라고 합니다.

若復有人 得聞是經 不驚 不怖 不畏 當知 是人
약 부 유 인 득 문 시 경 불 경 불 포 불 외 당 지 시 인

甚爲希有 何以故 須菩堤 如來說第一波羅蜜
심 위 희 유 하 이 고 수 보 리 여래설제일바라밀

卽非第一波羅蜜 是名第一波羅蜜
즉 비 제일바라밀 시 명 제일바라밀

『만일 어떤 사람이 이 경을 듣고 놀라지 않으며 겁내지 않으며 두려워하지 않으면 이 사람은 참으로 희유한 사람인 줄을 알지니라. 어때서 그러냐하면 수보리야, 여래가 말하는 제1바라밀은 제1바라밀이 아니므로 제1바라밀이라 이름하기 때문이니라.』

월운 노스님 강설

제1바라밀은 두 가지 관점에서 해석되어 습니다. 1)'보시바라밀'입니다. 육바라밀중에 가장 앞에 있고, 금강경 앞부분에도 보시를 하라고 했기 때문입니다. 2)'제1의제를 수행하는 바라밀'입니다. 제 생각에는 제1바라밀은 모든 바라밀중 으뜸가는 바라밀로 이해하면 좋을 듯합니다. 제일 희유한 공덕을 얻는 제1바라밀 자리는 청정해서 성불의 근원이 되고 모든 불보살의 근원이 됩니다. 무착스님은 이 대목을 '고통을 참아 이겨내는 과정(忍苦柱)'이라고 보았습니다. 세친스님은 '보신을 이루는 것도 얻음이 아닌가?'란 의문에 답하는 부분으로 '보신은 얻은 바가 없다'는 것이 설해진 경이므로 '희유하고 알기 어렵다'고 했습니다. 보신이 얻은 바 없는 도리를 안다면 모두가 성불하고 해탈하는데, 금강경이야 말로 이런 훌륭한 말씀이 설해진 경전으로 보았습니다.

부처님과 수보리 존자는 '말세 중생이 이 경에 대해 믿음을 내면 희유한 공덕'을 얻으리란 얘기를 주고 받으셨습니다. 이는 상을 여의란 말을 실천면에서 체험하도록 요구하는 것입니다.

수보리의 네 번째 질문은 이상적멸분, 지경공덕분, 능정업장분의 세 부분에 걸쳐있습니다. 이 대목은 정신희유분에서 말씀하셨던 두 번째 질문을 좀 더 농도있게 다시 답해주신는 내용이므로, 저는 믿음에 의해서 해(解)와 행(行)을 일으키는 장이라고 보고 있습니다.

세친스님의 의문 8
이 경을 지녀도 괴로운 과보는 면치 못하는 것 아닌가?

須菩堤 忍辱波羅蜜 如來說非忍辱波羅蜜 是名
수보리 인욕바라밀 여래설비인욕바라밀 시명

忍辱波羅蜜 何以故 須菩堤 如我昔爲歌利王
인욕바라밀 하이고 수보리 여아석위가리왕

割截身體 我於爾時 無我相 無人相 無衆生相
할절신체 아어이시 무아상 무인상 무중생상

無壽者相 何以故 我於往昔節節支解時 若有
무수자상 하이고 아어왕석절절지해시 약유

我相 人相 衆生相 壽者相 應生嗔恨 須菩堤
아상 인상 중생상 수자상 응생진한 수보리

又念過去於五百世 作忍辱仙人 於爾所世 無我相
우념과거어오백세 작인욕선인 어이소세 무아상

無人相 無衆生相 無壽者相
무인상 무중생상 무수자상

『수보리야, 인욕바라밀을 여래는 인욕바라밀이 아니라 하노니 무슨 까닭이겠는가? 수보리야, 내가 옛날에 가리왕에게 몸을 갈기갈기 찢길 적에 아상도 없고 인상도 없고 중생상도 없고 수자상도 없었느니라. 그 까닭이 무엇인가 하면, 내가 옛날에 몸을 찢길 적에 아상, 인상, 중생상, 수자상이 있었더라면 성을 내어 원망을 하였을 것이기 때문이니라. 수보리야, 또 저 옛날 오백세 동안 인욕선인이었던 일을 생각하면 그때에도 아상, 인상, 중생상, 수자상이 없었느니라.』

월운 노스님 강설

세친스님은 '이 경을 지녀도 괴로운 과보는 면치 못하는 것 아닌가?' 하는 의문을 던졌습니다. 경을 지니면 공덕이 된다고 수차 말씀하셨는데, 부처님께서 과거 보살행을 닦으실 적에 경을 수지했는데도 왜 가리왕에게 환란을 면치 못했는가는 의문입니다. 아상, 인상, 중생상, 수자상이 진정으로 없다면 하루에 억만번 죽임을 당해도 적멸한 상으로 볼 수 있습니다. 즉 괴로움, 즐거움, 고통, 수모를 받는 상도 모두 여읠 때 한 점의 요동도 없는 적멸의 즐거움은 무엇과도 바꿀 수 없습니다.

갑자기 인욕바라밀이 나오고 있습니다. 인욕에는 어떤 상황이 이어져 나오는 것을 참는 게 있고(相續忍), 또 하나는 괴로운 것을 참는 것(極苦忍)이 있습니다. 인욕은 나쁜 일뿐만 아니라 좋은 일도 참아야 하는 것이고, 어떤 일을 지속하는 것도 참는 것이 됩니다. 위에서 "이 경을 듣고 놀라지 않고 두려워 하지 않고 겁내지 않는다."는 말씀이 나오는 데, 놀라지 않고, 두려워하지 않고, 겁내지 않는 것을 인욕바라밀로 보았습니다. 앞에서 나온 말씀을 거듭 말씀하신다는 취지로 본다면 연등부처님 처소에서 얻은 것이 없다는 말씀을 구체적으로 하시기 위해 다시 꺼내어 인욕바라밀을 말씀하시는 것으로 봐도 좋습니다. 가리왕의 환란은 부처님의 전생 이야기입니다. 그때 사상(四相)이 있었으면 화를 내고 원망하는 마음이 있었겠지만 사상이 없으므로 참았다는 것도 성립되지 않고 고통을 받았다는 것도 성립하지 않는 것입니다. 일생만 그런 것이 아니고 오백생 동안 인욕선인일 때에도 사상이 없었으므로 어떤 어려움도 참을 수 있었다고 했습니다. 즉 참는다는 상이 없음으로써 진정한 인욕이 되었다는 뜻입니다.

칼을 들고 허공을 치면 칼만 공연히 번뜩일 뿐 허공이 어찌 베어지겠습니까? 부처님의 인욕바라밀이 바로 이런 모습이므로 인욕선인께서 괴로운 과보를 받았으리라는 의문은 아주 잘못된 것인 셈입니다. 이는 무득무설분에서 '부처님은 얻은 바가 없으시고 설한 바가 없으시다'는 물음이 신념으로 굳어지기 바라는 측면에서 여러 가지 예를 들어 말씀하신 것입니다.

是故須菩提 菩薩 應離一切相 發阿耨多羅三藐
시 고 수 보 리 보 살 응 리 일 체 상 발 아 뇩 다 라 삼 먁
三菩提心 不應住色生心 不應住聲香味觸法生心
삼 보 리 심 불 응 주 색 생 심 불 응 주 성 향 미 촉 법 생 심
應生無所住心 若心有住 卽爲非住 是故 佛說
응 생 무 소 주 심 약 심 유 주 즉 위 비 주 시 고 불 설
菩薩 心不應住色布施 須菩提 菩薩 爲利益一
보 살 심 불 응 주 색 보 시 수 보 리 보 살 위 이 익 일
切衆生 應如是布施 如來說一切諸相 卽是非相
체 중 생 응 여 시 보 시 여 래 설 일 체 제 상 즉 시 비 상
又說一切衆生 卽非衆生
우 설 일 체 중 생 즉 비 중 생

『그러므로 수보리야, 보살은 마땅히 온갖 모양다리를 여의고서 아뇩다라삼먁삼보리의 마음을 낼지니 빛에 머물러서 마음을 내지도 말며 소리와 냄새와 맛과 닿음과 법진(法塵)에 머물러서 마음을 내지도 말아야 하나니 마땅히 머무름 없는 마음을 낼지니라. 만일 마음이 머무는 데가 있으면 이것은 머무름이 아니니 그러므로 여래는 말하기를 '보살은 마음을 빛에 머무르고서 보시하지 말아야 한다.'고 하였느니라.

수보리야, 보살들은 마땅히 온갖 중생을 이롭게 하기 위하여 보시하여야 하나니 여래는 온갖 모양다리가 곧 모양이 아니라 하며 또는 온갖 중생이 곧 중생이 아니라 하느니라.』

월운 노스님 강설

묘행무주분에서는 '모양다리를 여의고서 보시하라'고 하셨는데, 여기서는 '모양다리를 여의고서 아뇩다라삼먁삼보리의 마음을 내라'고 하셨습니다. 모양다리를 여의었다고 해서 세상사 모르겠다고 주저앉는 것은 단멸(斷滅)이 되고, 아뇩다라삼먁삼보리를 낸다고 아무 때나 떠들면 이는 도거(掉擧:들뜨고 불안정한 마음)가 됩니다.

'빛에 머물러 마음을 내지 말라'고 하면 다른 곳에 머무르게 될까봐 색성향미촉법 육진(六塵) 모두를 말씀하셨습니다. '머무름 없는 마음을 내라'고 하시고 '머무는 데가 있으면 머무름이 아니다'고 하셨습니다. 머문다면 제일의제 자리에 머물러야 하는데, 제일의제 자리에 머문다면 머무는 게 아니므로 '머무는 데가 있으면 머무름이 아니다'라고 말하신 겁니다. 내 마음이 수시로 흘러 변하므로 이를 잘 조절하고 억제하는 것도 또 하나의 인욕의 형태입니다.(對治不忍流轉苦)

마음에 들지 않는 환경을 이겨내는 고통도 인욕입니다.(對治不忍相違苦) 보시할 때 중생을 해롭게 하면 안 됩니다. 나의 이익을 위해 보시한다면 결국 저쪽을 해롭게 하는 것이므로 보살은 마땅히 온갖 중생을 이롭게 하기 위해 보시해야 합니다. 상대방의 마음에 상이 되게 해서 고통을 주는 것도 잘못이고 내 마음에 상이 되어 고통을 받는 것도 잘못입니다.

그래서 여래는 제일의제의 입장에서 온갖 모양다리가 곧 모양이 아니라하며 온갖 중생이 곧 중생 아니라 하셨습니다.

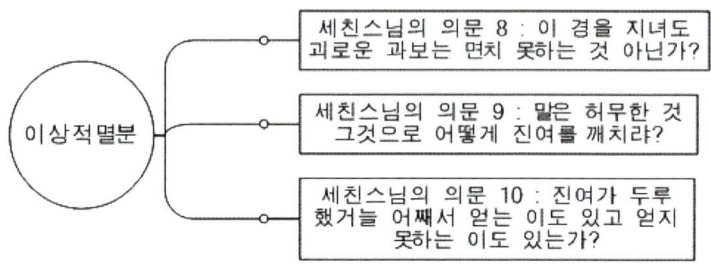

세친스님의 의문 9
말은 허무한 것 그것으로 어떻게 진여를 깨치랴?

須菩堤 如來 是眞語者 實語者 如語者 不誑語者
수 보 리 여 래 시 진 어 자 실 어 자 여 어 자 불 광 어 자

不異語者 須菩堤 如來所得法 此法 無實無虛
불 이 어 자 수 보 리 여 래 소 득 법 차 법 무 실 무 허

『수보리야, 여래는 참된 말만 하는 이이며, 실다운 말만 하는 이이며, 여실한 말만 하는 이이며, 속이지 않는 말만 하는 이이며, 다르지 않은 말만 하는 이 이니라. 수보리야, 여래가 얻은 법은 진실도 아니요 허망함도 아니니라.』

월운 노스님 강설

세친스님은 '말은 허무한 것, 그것으로 어떻게 진여를 깨치랴'고 의문했습니다. 무득무설분에서 '삼천대천세계를 칠보로 보시해도 사구게만 못하다'고 했는데, '사구게도 말인데 결국 말장난 아니겠는가?'하는 의문입니다. 부처님은 이런 의문을 풀어주시기 위해 '여래의 다섯 가지 말씀(如來五語)'을 답변해 주십니다. 참된 말(眞語), 실다운 말(實語), 여실한 말(如語), 속이지 않는 말(不誑語), 다르게 말하지 않는 말(不異語)가 여래의 다섯 가지 말씀입니다. 부처님 말씀이 너무 깊이 전개되니까 도저히 납득이 안가는 부분이 많게 됩니다. 그러나 내가 모를지언정 부처님이 어찌 우리를 속이시겠는가 하는 생각으로 마음을 되돌려 들으면, '이 경에 대해 믿음을 낸 이가 희유한 공덕을 얻으리라' 고 하신 것처럼 우리들의 차지가 될 것입니다.

참된 말(眞語)은 중생은 모두 부처가 될 수 있다는 말이고, 실다운 말(實語)은 사성제법이 분명히 도에 들어오는 진리의 말씀이란 말이고, 여실한 말(如語)은 대승법은 진여를 바탕으로 삼고 진여는 모든 법의 바탕이란 말이고, 속이지 않는 말(不誑語)은 중생을 속이는 말이 없다란 말이고, 다르게 말하지 않는 말(不異語)은 중생이 부처가 된다는 말로 앞과 뒤가 다르지 않다는 말입니다.

그런데 여래가 참된 말(眞語), 실다운 말(實語), 여실한 말(如語), 속이지 않는 말(不誑語), 다르게 말하지 않는 말(不異語)을 얻었다고 생각하지 않도록 여래가 얻은 법은 "실도 없고 허도 없다(無實無虛)"고 하십니다. 제일의제로 보면 여래의 다섯 가지 말씀도 소용이 없으므로 실이라 말할 수 없고, 세속제로 보면 중생들에게 설명해야 하므로 없을 수 없으므로 허라고 말할 수도 없습니다. 이것 또한 '머무는 데 없이 마음을 내라'는 말씀과 똑같은 말씀입니다. 이렇게 거룩하신 부처님 말씀을 있는 그대로 믿으면 좋겠는데, 보통 그렇지 못하므로 생각의 차이가 생기고, 실천의 차이가 생기고, 얻음의 차이가 생기게 됩니다.

세친스님의 의문 10
진여가 두루 했거늘 어째서 얻는 이도 있고
얻지 못하는 이도 있는가?

須菩堤 若菩薩 心住於法 而行布施 如人入闇
수 보 리 약 보 살 심 주 어 법 이 행 보 시 여 인 입 암

卽無所見 若菩薩 心不住法 而行布施 如人有目
즉 무 소 견 약 보 살 심 부 주 법 이 행 보 시 여 인 유 목

日光明照 見種種色
일 광 명 조 견 종 종 색

『수보리야, 어떤 보살이 마음을 법에 머물러 보시하는 것은 마치 어두운 곳에 있는 사람이 아무 것도 보지 못하는 것 같고, 어떤 보살이 마음을 법에 머물지 않고 보시하면 눈 밝은 사람이 햇빛 아래서 여러 가지 물건을 보는 것 같으니라』

월운 노스님 강설

부처님은 얻는 이와 얻지 못하는 이의 차별은 보리에 있는 것이 아니라 보살들이 마음을 법에 머무는가에 달렸다고 하셨습니다. 이 대목을 세친 스님은 '진여가 두루 하거늘 어째서 얻는 이도 있고, 얻지 못하는 이도 있는가?'하는 의문에 답하셨다고 했습니다. 무득무설분에 '일체현성이 무위법으로 차별이 생긴다'라는 말씀이 계셨는데, 무위법이 하나라면 '어째서 부처, 보살, 성문의 차이가 벌어졌는가?'하는 의문을 여기서 말씀하시게 된 것입니다. 저는 이 대목을 '여래의 다섯 가지 말씀이 우리에게 어떤 영향을 주는가? 믿으면 어떤 이익이 오느냐?'를 말씀하시는 대목이라고 보고 있습니다. 이 부분의 비유는 아래의 4가지로 나누어 집니다.

1) 눈 어두운 사람이 어두운 곳에 있는 경우 – 최악의 경우
2) 눈 어두운 사람이 밝은 곳에 있는 경우 – 아무 의미 없음
3) 눈 밝은 사람이 어두운 곳에 있는 경우 – 아무 의미 없음
4) 눈 밝은 사람이 밝은 곳에 있는 경우 – 최선의 경우

눈은 밝지만 어두운 곳에 있는 사람과 눈 어두운 사람은 모두 보지 못하는 것 같습니다. 마음속에 집착이 있는 사람의 보시는 '여래의 다섯 가지 말씀'과 아무 연관이 없으므로 공덕이 하나도 없습니다. 오직 보살이 마음을 법에 머물지 않고 보시할 때, 눈 밝은 사람이 밝은 곳에 있는 경우와 같으므로 '여래의 다섯 가지 말씀'이 진실하게 됩니다. 부처님의 말씀은 해처럼 평등하고 항상 밝아서 눈이 어둡건 밝건 변함없이 밝지만 눈의 어두움과 밝음의 차이가 있게 됩니다.

須菩堤 當來之世 若有 善男子 善女人 能於此經
수 보 리 당 래 지 세 약 유 선 남 자 선 여 인 능 어 차 경

受持讀誦 卽爲如來 以佛智慧 悉知是人 悉見是人
수 지 독 송 즉 위 여 래 이 불 지 혜 실 지 시 인 실 견 시 인

皆得成就 無量無邊功德
개 득 성 취 무 량 무 변 공 덕

『수보리야, 오는 세상에 선남자나 선녀인들이 이 경을 받아 지니고, 읽고 외우면 여래가 부처의 지혜로써 이 사람을 다 아시고 다 보시나니 모두가 한량없고 끝없는 공덕을 이루느니라.』

월운 노스님 강설

'부처님의 지혜'란 부처님의 '다섯 가지 말씀'이고 '다섯 가지 눈'입니다. 부처님께서 "다 알고 다 보신다.(悉知悉見)"는 말씀은 3번 나오는데, 정신희유분에 이어 여기서 2번째로 나왔습니다. 이 경을 지닌 공덕을 찬탄하고 이상의 말씀을 확고하게 장담하셨습니다. 이 경을 지닌 공덕은 무엇일까요? 마음속의 상을 여의게 해주어 무량한 공덕을 받게 해 주는 것입니다. 그렇게 본다면 상을 여의려고 노력하지 않는다면 공덕이 적다는 것을 생각하지 않을 수 없습니다.

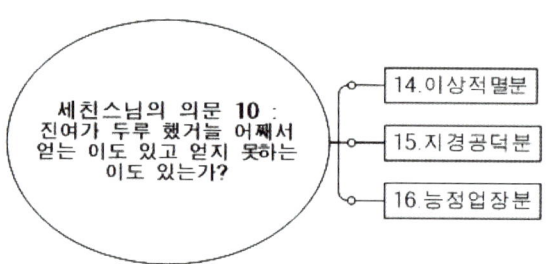

15

지경공덕분
持經功德分

경을 지니는 공덕

須菩堤 若有善男子善女人 初日分 以恒河沙等身
수보리 약유선남자선여인 초일분 이항하사등신

布施 中日分 復以恒河沙等身布施 後日分 亦以恒
보시 중일분 부이항하사등신보시 후일분 역이항

河沙等身布施 如是無量百千萬億劫 以身布施
하사등신보시 여시무량백천만억겁 이신보시

若復有人 聞此經典 信心不逆 其福勝彼 何況書
약부유인 문차경전 신심불역 기복승피 하황서

寫受持讀誦 爲人解說 須菩堤 以要言之 是經有
사수지독송 위인해설 수보리 이요언지 시경유

不可思議 不可稱量 無邊功德 如來 爲發大乘者說
불가사의 불가칭량 무변공덕 여래 위발대승자설

爲發最上乘者說 若有人 能受持讀誦 廣爲人說
위발최상승자설 약유인 능수지독송 광위인설

如來 悉知是人 悉見是人 皆得成就 不可量 不可稱
여래 실지시인 실견시인 개득성취 불가량 불가칭

無有邊 不可思議功德 如是人等 卽爲荷擔 如來阿
무유변 불가사의공덕 여시인등 즉위하담 여래아

耨多羅三藐三菩提 何以故 須菩堤 若樂小法者
뇩다라삼먁삼보리 하이고 수보리 약요소법자

着我見 人見 衆生見 壽者見 卽於此經 卽不能聽
착아견 인견 중생견 수자견 즉어차경 즉불능청

受讀誦 爲人解說 須菩堤 在在處處 若有此經
수독송 위인해설 수보리 재재처처 약유차경

一切世間 天人 阿修羅所應供養 當知 此處 卽爲
일체세간 천인 아수라소응공양 당지 차처 즉위

是塔 皆應恭敬 作禮圍繞 以諸華香 而散其處
시탑 개응공경 작례위요 이제화향 이산기처

『수보리야, 어떤 선남자나 선녀인이 아침나절에 항하사 수효 같은 몸을 보시하고, 점심나절에도 항하사 수효 같은 몸으로 보시하고, 저녁나절에도 항하사 수효 같은 몸으로 보시하여 이렇게 한량

없는 백천만겁 동안 보시하더라도 다른 사람이 이 경전을 듣고 믿는 마음으로 그르다고 하지만 아니하여도 그 복이 저 보시한 복보다 더 많거늘 하물며 이 경을 쓰고 받아 지니고 읽고 외우고 남에게 일러 주기까지 함이겠느냐?

수보리야, 중요한 뜻만을 들어서 말하건 데 이 경에는 말할 수 없고 생각할 수 없고 측량할 수도 없는 많은 공덕이 있나니, 여래는 대승의 마음을 낸 이를 위하여 이 경을 말했으며 가장 높은 마음을 낸 이를 위하여 이 경을 말했느니라.

만일 어떤 사람이 이 경전을 받아 지니고 읽고 외우고 여러 사람들에게 일러 주면 이 사람을 다 알고 보나니, 모두가 한량없고 말할 수 없고 끝없고 생각할 수 없는 공덕을 이루리니, 이런 사람은 여래의 아뇩다라삼먁삼보리를 감당할 것이니라. 무슨 까닭이겠는가? 수보리야, 소승법을 좋아하는 이는 아상, 인상, 중생상, 수자상이 소견에 집착되므로 이 경을 듣지도 못하고 읽고 외우지도 못하고 남에게 일러 주지도 못하느니라. 수보리야, 어디에나 이 경이 있으면 온갖 하늘사람, 세상사람, 아수라들이 공양을 올리리니, 이 곳은 곧 부처님의 탑과 같으므로 모두가 공경히 예배하고 돌면서 꽃과 향으로 그 곳에 흘으리라.』

월운 노스님 강설

이상적멸분의 내용은 말세중생이 진정코 상을 여의는 것입니다. 진정코 상을 여의는 것은 사상이 없어야 하고 사상을 여의었다는 생각을 여의어야 하고, 사상을 여의었다는 생각도 없어야 합니다. 이렇게 삼공(三空)을 얻음으로써 눈밝은 이가 밝은 데 있어서 모든 것이 보이는 이치가 금강경에 있다고 하셨습니다. 믿음에 의해 해와 행을 일으키는 네 번째 물음은 이상적멸분, 지경공덕분, 능정업장분으로 내려갑니다. 이상적멸분은 표제가 되고 지경공덕분부터는 교량공덕이 됩니다. 본인의 생각에는 이상적멸분의 마지막 대목 "수보리야, 오는 세상에 선남자나 선녀인 들이 이 경을 받아 지니고, 읽고 외우면 여래가 부처의 지혜로써 이 사람을 다 아시고 다 보시나니 모두가 한량없고 끝없는 공덕을 이루느니라."는 지경공덕분으로 내려와도 좋지 않았을까 생각합니다.

지경공덕분은 경을 지니는 공덕이란 뜻입니다. 금강경에는 경을 읽는 공덕을 말한 부분이 참 많습니다. 처음에 묘행무주분, 무득무설분, 장엄정토분, 여법수지분, 지경공덕분에서 말하고 있고, 뒤에도 5번이나 더 나오고 있습니다. 금강경을 지송하면 공덕이 된다는 말이 자주 나오는데 그 이유가 뭘까요? 앞에도 소개해 드렸지만 미륵게송에서 '경을 수지하거나 남에게 법을 설해주는 일은 복덕이 헛되지 않다. 단순한 복으로는 보리에 나아가지 못지만, 저 두 가지는 능히 보리에 나아갈 수 있다.(受持法及說 不空於福德 福不趣菩提 二能趣菩提)'고 했습니다.

그동안에는 항하사 수만큼의 칠보, 삼천대천세계에 가득한 칠보에 대한 말씀이었는데, 지경공덕분에서는 '항하사 수만큼의 생명을 아침, 저녁, 저녁으로 보시한다'고 말씀하셨습니다. 게다가 앞에서는 사구게만 읽으면 된다고 했는데, 여기서는 '다른 사람이 이 경전을 듣고 믿는 마음으로 그르다고 하지만 아니하여도' 칠보로 보시한 복덕보다 많다고 했습니다.

여기서는 왜 이렇게 비유를 강조해서 말씀하신 걸까요? 미륵게송에서는 '공양한 일과 때가 큰 데도 불구하고, 그보다도 경을 지송한 공덕이 크니 복 가운데 큰 복덕이 되기 때문(以事及時大 福中勝福德)'이라고 하셨습니다. 그런데 누구나가 다 이 말씀을 듣고 공덕을 받는 것은 아니라고 하셨습니다. 책을 많이 읽거나 대학을 졸업한 사람이 아니라 여래는 대승의 마음을 낸 이, 가장 높은 마음을 낸 이를 위해 이 경을 말했다고 하셨습니다. 즉 알아들을 사람만 알아 듣는다는 것입니다. 육조스님은 나무장사에 불과했지만 금강경 한마디에 깨닫듯이 그런 사람을 위해 이 경을 설해 놓으셨습니다.

하담(荷擔)이란 '짊어진다'는 뜻입니다. 부처님께서 대승심을 위해 설하신 경이므로 근기가 맞는 자가 있다면 이 경을 좋아할 것입니다. 아는 게 많다고 톡톡 튀거나 작은 그릇을 가진 사람은 감당할 수 없어서 '이 경을 듣지도 못하고 읽고 외우지도 못하고 남에게 일러 주지도 못하느니라.'고 하셨습니다. 이 경은 대승을 좋아하고 아뇩다라삼먁삼보리 법을 어려울 때 기둥처럼 짊어지고 갈 사람만이 좋아하는 것입니다.

존중정교분에서 "온 세계의 하늘 무리나 세상 사람이나 아수라들이 모두가 공경한다."는 구절이 있었는데, 여기에 똑같은 내용이 다시 나왔습니다. 이 경에는 사상이 없어지고, 사상이 없어졌다는 생각, 사상이 없어졌다는 생각까지도 모두 여의는 삼공(三空)의 경지를 여의는 길이 여기에 있기 때문입니다. 세상의 어느 불보살이 삼공을 여의지 못하고 불보살의 경지에 이를 것입니까? 그러므로 이 경은 존중받아 마땅하다는 것을 다시 한 번 강조했습니다.

16

능정업장분
能淨業障分

능히 업장을 맑힌다

復次 須菩堤 善男子善女人 受持讀誦此經 若爲
부 차 수보리 선남자선여인 수지독송차경 약위

人輕賤 是人 先世罪業 應墮惡道 以今世人輕賤
인 경 천 시인 선세죄업 응타악도 이금세인경천

故 先世罪業 卽爲消滅 當得阿耨多羅三藐三菩提
고 선세죄업 즉위소멸 당득아뇩다라삼먁삼보리

『또 수보리야, 만일 선남자나 선녀인이 이 경을 받아 지니고 읽고 외우면서도 남에게 천대를 받으면, 이 사람은 지난 세상에 지은 죄업으로 악고에 떨어질 것이어늘 금생에 남의 천대를 받는 탓으로 전생의 죄업이 모두 소멸하고 반드시 아뇩다라삼먁삼보리를 얻으리라.』

월운 노스님 강설

능정업장분은 지경공덕분과 맥락을 같이 하는 내용입니다. 하나로 합치면 내용이 너무 길어지므로 끊어서 두 분으로 나누었다고 생각합니다. 능정업장분의 내용은 금강경을 읽으면 업장이 소멸된다는 것입니다. 업장이 소멸된다고 할 때, 완전히 흔적 없이 소멸된다면 발무인과(撥無因果)가 되고, 업장을 변할 수 없다면 운명론, 숙명론이 되어 버립니다. 그러면 어떻게 해야 되나요? 금강경을 읽는데도 천대 받는다면, "이 사람은 지난 세상에 지은 죄업으로 악고에 떨어질 것이어늘 금생에 남의 천대를 받는 탓으로 전생의 죄업이 모두 소멸하고 반드시 아뇩다라삼먁삼보리를 얻으리라."고 했습니다. 이 말씀은 금강경을 읽으면 최소한 '업장이 소멸된다'는 전중위경(轉重爲輕)- 무거운 것을 옮겨서 가볍게 했다–의 뜻입니다. 이것이 금강경에 대한 찬탄이요 교량공덕(校量功德)입니다.

須菩提 我念過去無量阿僧祇劫 於燃燈佛前
수 보 리 아념과거무량아승지겁 어연등불전
得值八百四千萬億那由他 諸佛 悉皆供養承事
득 치팔백사천만억나유타 제불 실개공양승사
無空過者 若復有人 於後末世 能受持讀誦此經
무 공 과 자 약 부 유 인 어 후 말 세 능 수 지 독 송 차 경
所得功德 於我所供養諸佛功德 百分 不及一 千萬
소 득 공 덕 어아소공양제불공덕 백분 불급일 천만
億分 乃至算數譬喩 所不能及 須菩提 若善男子
억 분 내 지 산 수 비 유 소 불 능 급 수 보 리 약 선 남 자
善女人 於後末世 有受持讀誦此經 所得功德 我若
선 여 인 어 후 말 세 유 수 지 독 송 차 경 소 득 공 덕 아약
具說者 或有人聞 心卽狂亂 狐疑不信 須菩提 當知
구 설 자 혹 유 인 문 심 즉 광 란 호 의 불 신 수 보 리 당 지
是經義 不可思議 果報 亦不可思議
시 경 의 불 가 사 의 과 보 역 불 가 사 의

『수보리야, 나는 지나간 세상 한량없는 아승지겁동안 연등불을 만나기 전에 팔백사천만억 나유타 부처님을 만나서 모두 공양하고 받들어 섬기며 그냥 지나 보낸 적이 없음을 기억하거니와, 만일 어떤 사람이 이 다음 말법 세상에 이 경을 받아 지니고 읽고 외워서 얻는 공덕은 내가 부처님께 공양한 공덕으로는 백분에 일도 미치지 못하며, 천분의 일, 만분의 일, 억분의 일도 미치지 못하며 산수나 비유로도 미칠 수 없느니라.』

『수보리야, 어떤 선남자 선녀인이 이 다음 말법 세상에서 이 경을 받아 지니고 읽고 외우는 공덕을 내가 모두 말하면, 이 말을 듣는 이는 마음이 미치고 어지러워서 믿지 아니하리라. 수보리야, 이 경은 이치도 말이나 생각으로 미칠 수 없고 과보도 말이나 생각으로 미칠 수 없느니라.』

월운 노스님 강설

장엄정토분에서 연등부처님을 말씀하신 것은 '얻은 바가 없다'란 취지이고, 여기서는 '연등부처님을 만나고 섬긴 공덕'보다 금강경 믿고 지닌 공덕이 훨씬 크다는 것을 말씀하시기 위함입니다. 복으로는 보리를 얻을 수 없지만, 금강경을 통해 보리를 얻을 수 있기 때문입니다.

이 경을 속 시원하게 찬탄한다면, 근기 얕은 중생의 마음이 미치게 되므로(狂亂) 다 말하지 못한다고 하셨습니다. 금강경의 이치와 과보가 너무 깊고 깊어서 말이나 생각으로 헤아릴 수 없기 때문입니다.

금강경에 의해 얻어지는 과보는 무엇일까요? 올바로 이해하고 놀라지 않으면 '제일 희유한 공덕'을 이루는 것입니다. 이 대목을 무착스님은 '자기 혼자 즐거운 맛에 탐착하는 것이 아니라 부처님을 공양하고 쉬지 않고 공부'하는 데 초점을 맞추었습니다.(離寂靜味住). 세친스님은 '이 경이 가지고 있는 공덕을 설명하는 대목'으로 보았습니다. 저 역시 이상적멸분에 수반되어 교량공덕(校量功德), 금강경의 부사의한 공덕을 찬탄하는 내용이라고 보고 있습니다.

하편

묘유(妙有)

II 정종분

다섯번째 질문
증득해 들어가다
因解行入證

17. 구경무아분
18. 일체동관분
19. 법계통화분
20. 이색이상분
21. 비설소설분

17

구경무아분
究竟無我分

끝까지 무아이다

세친스님의 의문 11

머무르고 닦고 항복시킴도 '나'가 아닌가?

爾時 須菩提白佛言 世尊 善男子善女人 發阿
이시 수보리백불언 세존 선남자선여인 발아
耨多羅三藐三菩心 云何應住 云何降伏其心 佛告
녹다라삼먁삼보심 운하응주 운하항복기심 불고
須菩堤 若善男子善女人 發阿耨多羅三藐三菩提
수보리 약선남자선여인 발아뇩다라삼먁삼보리
心者 當生如是心 我應滅度 一切衆生 滅度一
심자 당생여시심 아응멸도 일체중생 멸도일
切衆生已 而無有一衆生 實滅度者 何以故
체중생이 이무유일중생 실멸도자 하이고
須菩堤 若菩薩 有我相 人相 衆生相 壽者相
수보리 약보살 유아상 인상 중생상 수자상
卽非菩薩 所以者何 須菩堤 實無有法 發阿
즉비보살 소이자하 수보리 실무유법 발아
耨多羅三藐三菩提心者
녹다라삼먁삼보리심자

그때에 수보리가 부처님께 사뢰었다.

『세존이시여, 선남자, 선녀인이 아뇩다라삼먁삼보리의 마음을 내고는 어떻게 머물러야 되며 어떻게 그 마음을 항복시키오리까?』
부처님께서 수보리에게 말씀하셨다.

『선남자, 선녀인이 아뇩다라삼먁삼보리의 마음을 내었거든 의당 이러한 마음을 낼지니, '내가 온갖 중생을 열반에 이르도록 제도하리라' 하라. 온갖 중생을 모두 제도한다지만 실제에는 한 중생도 제도될 이가 없나니 무슨 까닭이겠는가? 만일 보살이 아상, 인상, 중생상, 수자상이 있으면 참 보살이 아니기 때문이니라. 그 까닭이 무엇이겠는가? 수보리야, 실제에는 아뇩다라삼먁삼보리의 마음을 낼 법이 없기 때문이니라.』

월운 노스님 강설

　구경무아분은 끝까지 '무아'란 뜻입니다. 구경(究竟)이란 말은 끝까지 혹은 완벽하게란 의미입니다. 구경무아분은 수보리의 다섯 번째 질문입니다. 네 번째 질문은 믿음에 의해서 해(解)와 행(行)을 일으키는 질문으로 보았는데, 다섯 번째 질문인 구경무아분부터는 해와 행으로 깨달아 들어가는 대목으로 보아야 한다고 생각합니다. 무착스님은 구경무아분을 매우 중요하게 보아서 '사가행(四加行)과 십지(十地)를 말하는 부분'이라고 했습니다. 세친스님은 '머무르고 닦고 항복시킴도 나가 아닌가?'하는 의문을 끊어 내는 부분으로 보았습니다.

　구경무아분은 앞에서 하신 말씀을 거듭해서 말씀하신 내용입니다. 선현기청분에서 수보리는 "선남자, 선녀인이 아뇩다라삼먁삼보리의 마음을 내고는 어떻게 머물러야 되며 어떻게 그 마음을 항복시키오리까?"라고 물었는데 똑같은 질문을 여기서 다시 하게 됩니다. 어째서 똑같은 질문을 다시 했을까요?

　선현기청분부터 지금까지의 문답은 서울길을 떠나는 사람들에게 길을 알려주는 예비지식이라고 한다면, 구경무아분 이하의 문답은 실제로 서울에 와서 듣던 이야기를 확인하는 것이므로 문답은 반복되지만 의미가 다르다고 할 것입니다. 화엄경에서 39품 입법계품에 와서, 앞에서 38품까지 말씀하신 57위를 다시 반복해서 말씀하신 것과 같은 뜻입니다.

　세친스님은 선현기청분에서는 '나'라는 것이 있는 줄 알까봐 '나'가 없다는 것을 가르쳐 주기 위해서 수보리 존자가 물은 것이고, 구경무아분은

'나'가 없다면 닦을 자도 없고 복 받을 자도 없는데 누가 닦겠는가? 하는 의문에서 물었다고 했습니다. 금강경을 진공묘유의 논리로 보는 사람은 선현기청분에서 능정업장분까지는 모든 것을 털어버리는 진공(眞空)도리를 말했고, 구경무아분부터 묘유(妙有)의 도리를 설한다고 했습니다. 없다는 말에 속아서 진짜 없는 줄 알면 큰일 난다는 얘기입니다. 무착스님은 '도를 닦아 얻어지는 기쁨에 대해 요동하지 않는 얻음(證道離喜住)'이 여기서 이루어진다고 보았습니다. 꿈을 깨었다고 해서 꿈꾸기 전과 다른 것이 있다고 생각하면 안 됩니다. 같은 이야기 속에서 새로운 것을 얻어야 합니다. 꿈꾼 사람이 꿈 깬 사람이고 꿈 깬 사람이 꿈꾼 사람인 것입니다. 이런 도리가 사가행(四加行)과 십지(十地)에서 이루어지므로 이 대목을 사가행중의 난위(煖位), 정위(頂位)로 나누어 보고 있습니다.

대승정종분에서는 태생, 난생, 습생, 화생 등의 중생과 무여 열반을 말했는데 여기서는 이것을 온갖 중생과 열반이라고 줄여서 말했습니다. 나머지는 앞의 질문과 동일합니다. 온갖 중생을 모두 상대하는 것은 광대한 마음이고, 무여열반에 들어가게 하겠다는 것은 으뜸가는 마음(第一心)이요, 쉬지 않고 제도한다고 했으니 항상한 마음이요(常心), 제도한다는 생각이 없으니 부전도심(不顚倒心)입니다.

앞에서 누누이 '무아'를 말했는데, 세친스님은 '아가 진정코 없다면 누가 수행할 것이냐?(若無我者 誰人受敎 誰人住修)'하고 묻습니다. 자식의 잘못을 가르칠 때 무조건 야단친다고 되는 것은 아닙니다. 한강은 머물지 않고 흘러가므로 일정하게 머무른 바가 없습니다. 그러나 옛날부터 한강은 그 자리에 늘 있어왔습니다. 구경무아란 끝내 무아인 자리는 완전한 공이 아니라 공한 바탕이 되는 묘유가 있다는 뜻입니다. 그래서 구경무아분 아래를 묘유의 도리로 이해하자는 논리가 나옵니다.

아뇩다라삼먁삼보리를 통해 추구하는 것은 부처님의 세계입니다. 부처님의 세계는 법신, 보신, 화신이 있습니다. 정신희유분부터 이후 보신(報身) 부처님의 세계는 얻은 것이 없다고 했지만 모든 것이 다 빈 깡통이라는 것은 아닙니다. 그동안의 법문은 철저히 없어야 된다는 것을 강조했다면, 구경무아분 이후는 부정한 자리에서 부정할 수 없는 대긍정의 자리와 만나는 대목입니다. 이른바 화신은 '상락아정(常樂我淨)'이란 열반락(涅槃樂)의 기능을 가지고 있다고 보는 것입니다.

그래서 이 대목을 사가행(四加行)중의 난위(煖位)와 정위(頂位)로 보기도 합니다. 사가행은 삼현위(三賢位)를 마친 분들이 십지(十地)에 오르기 위해 조금 더 노력하는 자리입니다. 나무를 문질러 불을 일으키려고 할 때 바짝 뜨거워지는 자리를 난위(煖位)라 하고, 곧 깨달아가기 직전의 자리를 정위(頂位)라고 합니다. 아직 불이 되지는 못했지만 이제 막 불꽃이 피어오르기 직전의 상태에 이 대목을 견주고 있습니다.

세친스님의 의문 12
부처님의 인행(因行)도 보살이 아니었나?

須菩提 於意云何 如來 於燃燈佛所 有法得阿耨多
羅三藐三菩提不 不也 世尊 如我解佛所說義 佛於
燃燈佛所 無有法得阿耨多羅三藐三菩提 佛言 如是
如是 須菩提 實無有法 如來得阿耨多羅三藐三菩
提 須菩提 若有法 如來得阿耨多羅三藐三菩提
者 燃燈佛 卽不與我授記 汝於來世 當得作佛 號
釋迦牟尼 以實無有法 得阿耨多羅三藐三菩提 是故
燃燈佛 與我授記 作是言 汝於來世 當得作佛
號釋迦牟尼

『수보리야, 어떻게 생각하느냐? 여래가 연등불에게서 아뇩다라삼먁삼보리의 법을 얻은 것이 있느냐?』

『그렇지 않나이다. 세존이시여 제가 부처님의 말씀하시는 뜻을 알기로는 부처님이 연등불에게서 아뇩다라삼먁삼보리의 법을 얻은 것이 없나이다.』

부처님께서 말씀하셨다.

『그러하니라. 그러하니라. 수보리야, 진실로 여래가 아뇩다라삼먁삼보리의 법을 얻은 것이 없느니라. 수보리야, 만일 여래가 아뇩다라삼먁삼보리를 얻은 법이 있다면 연등불이 나에게 수기하시거늘 '네가 오는 세상에 부처가 되어 이름을 석가모니라 하리라' 하지 않았으련만 실로 아뇩다라삼먁삼보리를 얻은 법이 없으므로 연등불이 내게 수기하시기를 '네가 오는 세상에 부처가 되어 이름을 석가모니라 하리라' 하셨느니라.』

이 대목도 장엄정토분의 내용이 반복되고 있습니다. 세친스님은 장엄정토분은 '석가부처님도 연등불께 설법을 듣지 않았나?(釋迦然燈取說疑)'로 보았고 이 대목은 '부처님의 인행(因行)도 보살이 아니었나(佛因是有菩薩疑)'라는 의문에 대한 답으로 보았습니다. 무착스님은 '올바른 스승을 만나서 정진하라(求佛敎授住)'는 얘기로 보고 있습니다. 이 대목은 사가행중에 인위(忍位), 세제일위(世第一位)에 해당합니다. 인위는 성인의 지위에 오를까 말까 하는 자리이고, 세제일위는 법신을 보지 못한 지위 가운데 제일의 지위란 뜻입니다. 사가행이 끝나고 십지에 들기 위해서는 올바른 스승을 만나야 합니다. 장엄정토분에서는 '연등부처님에게서 얻음이 없다'고 했고 여기서는 얻음이 없을 수록 올바른 스승을 구해야 한다는 취지입니다. 지극히 맑은 거울이 되려면 맑다는 생각까지도 잊어야 하지만 거울이 지극히 맑아지기 위해서는 역시 닦는 것을 무시해서는 안 됩니다. 다분히 이상론에서 현실론으로 선회하는 내용으로 본 것입니다. 구경무아분의 앞 대목에서 아뇩다라삼먁삼보리의 마음을 발할 이가 실로 없지만, 상락아정의 본체는 없지 않다고 했습니다. 여기서는 연등부처님께 수기를 받은 것이 없음으로써 받은 것이 있다는 결론을 도출하고 있습니다.

수보리는 부처님께서 연등부처님께 얻은 바가 없다고 하시니 부처님께서 '그러하니라, 그러하니라(如是如是)'고 대답하셨습니다. 부처님께서 수보리에게 '그러하니라, 그러하니라.'라고 말씀하신 것이 두 번 나오는데 한번은 이상적멸분에서 나왔고, 두 번째로 여기에 나왔습니다. 석가모니부처님의 마음에 계합되는 대답이란 말씀입니다.

'수보리야, 만일 여래가 아뇩다라삼먁삼보리를 얻은 법이 있다면' 이하는 반증입니다. 수보리 존자가 제일인욕아라한이란 이름을 들은 것을 예로 들을 때도 '그런 마음을 내었더라면 아란나행을 얻은 사람이라고 부처님께서 말씀하지 않으셨을 것'이라고 반증하신 적이 있습니다. 수보리가 연등부처님께 수기를 받아 부처님이 되신 것은 천하가 다 아는 얘기입니다. 그런데 수보리는 연등부처님께 받은 바가 없다고 하시고, 부처님은 맞다 하셨습니다. 내가 만약 그때 수기를 받았다는 생각이 있었다면 연등부처님이 진짜로 수기를 주지 않으셨을 것이란 말씀입니다. 이 반증의 부분은 얻은 바가 없다는 말씀이고, 철저히 얻은 바가 없는 자리에 화신 부처님의 실체가 역력히 있다고 강조하시고 있습니다.

세친스님의 의문 13
원인이 없다면 부처도 법도 없지 않을까?

何以故 如來者 卽諸法如義 若有人言 如來得阿
하 이 고 여 래 자 즉 제 법 여 의 약 유 인 언 여 래 득 아
耨多羅三藐三菩提 須菩堤 實無有法佛得阿
뇩 다 라 삼 먁 삼 보 리 수 보 리 실 무 유 법 불 득 아
耨多羅三藐三菩提 須菩堤 如來所得阿耨多
뇩 다 라 삼 먁 삼 보 리 수 보 리 여 래 소 득 아 뇩 다
羅三藐三菩提 於是中無實無虛 是故 如來說一切法
라 삼 먁 삼 보 리 어 시 중 무 실 무 허 시 고 여 래 설 일 체 법
皆是佛法 須菩堤 所言一切法者 卽非一切法 是故
개 시 불 법 수 보 리 소 언 일 체 법 자 즉 비 일 체 법 시 고
名一切法 須菩堤 譬如人身長大 須菩堤言 世尊
명 일 체 법 수 보 리 비 여 인 신 장 대 수 보 리 언 세 존
如來說人身長大 卽爲非大身 是名大身
여 래 설 인 신 장 대 즉 위 비 대 신 시 명 대 신

『어찌하여 그러한가. 여래란 것은 모든 법이 진여라는 뜻이니라. 어떤 사람은 말하기를 '여래가 아뇩다라삼먁삼보리를 얻었다' 하거니와 실제에는 부처가 아뇩다라삼먁삼보리를 얻은 법이 없느니라. 수보리야, 여래가 얻은 아뇩다라삼먁삼보리는 그 가운데 참된 것도 없고 허망한 것도 없느니라. 그러므로 여래는 말하기를 '온갖 법이 모두 불법이라' 하노라. 수보리야, 온갖 법이란 것은 곧 온갖 법이 아니므로 온갖 법이라 하느니라. 수보리야, 비유하건데 어떤 사람의 몸이 동떨어지게 크다는 것과 같으니라.』

수보리가 여쭈었다.

『세존이시여, 여래께서 말씀하시기를 '어떤 사람의 몸이 동떨어지게 크다' 하신 것은 큰 몸이 아니므로 큰 몸이라 하시나이다.』

월운 노스님 강설

'몸이 수미산 같이 큰 사람'은 장엄정토분에서 보신 부처님께서 얻은 바가 없다는 말씀을 하시면서 나왔던 내용입니다. 여래란 말은 '진여가 왔다'란 뜻입니다. 여래가 얻은 아뇩다라삼먁삼보리는 '참된 것도 없고 허망한 것도 없느니라(無實無虛)'입니다. '이상적멸분'에서 여래의 다섯가지 말씀 '참된 말(眞語), 실다운 말(實語), 여실한 말(如語), 속이지 않는 말(不誑語), 다르게 말하지 않는 말(不異語)'을 말씀하시면서 '여래가 얻은 법은 진실도 아니요 허망함도 아니니라(須菩堤 如來所得法 此法無實無虛)'고 하신 적이 있습니다. 왜 참된 것도 없을까요? 얻은 바가 없기 때문입니다. 왜 허망함도 아닐까요? 진여는 우주에 두루 하므로 없는 곳이 없으므로 허망한 것이 아닙니다.

그냥 예사로 보면 참된 것도 없고 허망한 것도 없어서 마치 잡동사니가 여래인가 생각할 수 있지만, 여래의 아뇩다라삼먁삼보리는 어느 쪽에서는 없는 것 같고 어느 쪽에서는 있는 것 같다는 뜻입니다. 그래서 온갖 법은 허하면 허한 대로 불법(佛法)이고, 실하면 실한 대로 불법이 됩니다. 어느 한쪽이 똑 부러지게 판단하는 우리 입장에서는 잘 납득이 되지 않지만, 부처님 입장에서는 허와 실 양쪽에 집착하지 않고 잘 흘러가므로 '뗏목'에 비유하신 바 있습니다. 나아가 온갖 법이 모두 불법이라 하면 또 '온갖 법'을 찾아 헤매일까 다시 '온갖 법이 법이 아니므로 온갖 법'이라고 말씀하십니다. 이처럼 옛사람도 말할 수 없는 것을 말하기 위해 여러 가지 표현을 합니다. 예들 들어 '정든 님 가시는데 인사를 못해 행주치마 입에 물고 방긋 웃었다'고 할 때, '방긋 웃었다'는 말에 천 마디 만 마디의 이별의 정이 들어 있을 겁니다. 여기서는 제일의제의 입장에서 온갖 법이 아니므로 세속제의 말을 빌려서 온갖 법을 표현하고자 했습니다.

그 다음에 '몸이 동떨어지게 크다(人身長大)'란 말씀이 등장합니다. 온갖 법이 모두 불법이란 경지에서 만나는 실체는 비유하자면 '몸이 동떨어지게 크다는 것과 같다'고 했습니다. 상상할 수도 없고 이해도 할 수 없고 계산도 할 수 없이 큰 것입니다. 이 대목은 장엄정토분에서 '몸이 수미산왕과 같다고 하면 어떠하냐?'는 말씀이 다시 나온 것입니다. 장엄정토분에서는 수미산 같은 몸을 보신으로 보았습니다.

세친스님은 '원인이 없다면 부처도 법도 없지 않은가?(無因則無佛法疑)'라고 과목을 내었습니다. '아뇩다라 삼먁삼보리법을 얻을 수 없다면, 부처도 법도 없지 않은가?'하는 의문입니다. 이에 대해 부처도 법도 없는 것이 아니라 몸이 동떨어지게 큰 사람처럼 어찌 보면 허하고 어찌 실한 게 없지 않다고 했습니다. 무착스님은 '십지보살'중 초지에 들어가서 동떨어지게 큰 몸을 만나므로 '견도분(見道分)'이라고 했습니다. 일체종지(一切種智)를 가지고 보신을 이루게 되는데, 이 보신의 몸이 '동떨어지게 크다'고 합니다. 그래서 이 부분을 초지(初地)에 들어가는 대목이며, 부처님의 몸을 만나는 단계라고 보고 있습니다.

세친스님의 의문 14
그렇다면 아무도 중생을 제도하거나
국토를 장엄하지 못할 것 아닌가?

須菩堤 菩薩 亦如是 若作是言 我當滅度 無量衆生
수 보 리 보 살 역 여 시 약 작 시 언 아 당 멸 도 무 량 중 생

卽不名菩薩 何以故 須菩堤 實無有法 名爲菩薩
즉 불 명 보 살 하 이 고 수 보 리 실 무 유 법 명 위 보 살

是故 佛說一切法 無我 無人 無衆生 無壽者
시 고 불 설 일 체 법 무 아 무 인 무 중 생 무 수 자

須菩堤 若菩薩 作是言 我當莊嚴佛土 是不名菩薩
수 보 리 약 보 살 작 시 언 아 당 장 엄 불 토 시 불 명 보 살

何以故 如來說莊嚴佛土者 卽非莊嚴 是名莊嚴
하 이 고 여 래 설 장 엄 불 토 자 즉 비 장 엄 시 명 장 엄

須菩堤 若菩薩 通達無我法者 如來說名眞是菩薩
수 보 리 약 보 살 통 달 무 아 법 자 여 래 설 명 진 시 보 살

『수보리야, 보살들도 역시 그러하여 만일 말하기를 '내가 한량 없는 중생을 제도하리라' 하면 보살이라고 이름하지 못할 지니 무슨 까닭이냐? 수보리야, 진실로 보살이라고 이름할 것이 없기 때문이니라. 그러므로 여래가 말하기를 '온갖 법은 아상, 인상, 중생상, 수자상이 없다' 하느니라.

수보리야, 만일 보살이 말하기를 '내가 불국토를 장엄하리라' 하면 보살이라 이름 하지 못할지니 무슨 까닭이냐. 여래가 말하는 불국토의 장엄은 장엄이 아니므로 장엄이라 하느니라. 수보리야, 만일 보살이 나와 법이 없음을 통달하면 여래는 그를 참말 보살이라 이름 하느니라.』

월운 노스님 강설

이 대목은 아래와 같이 구성됩니다.

1) 보살이 중생을 제도해도 제도한 바가 없다.
2) 보살이 불국토를 장엄한다고 하지만 장엄한 바가 없다.
3) 보살의 정의

"보살들도 역시 그러하여 만일 말하기를"이란 앞 대목에서 "여래가 아뇩다라삼먁삼보리를 얻었다고 하지만 실제로 얻은 바가 없다"는 말과 연결되어 이해해야 합니다. 만약 보살이 중생을 제도했다고 한다면 그건 자기 스스로 나는 보살이 아니라고 한 것과 같습니다. 제일의제 자리에서는 보살이라고 이름 할 것이 없지만 이름 한 것입니다. 여기서 '온갖 법'은 부처님의 법, 보살의 법인데, 그 자리는 사상(四相)이 없는 자리입니다. 보살이 중생을 제도해도 제도한다는 생각이 없고, 불국토를 장엄해도 장엄한 바가 없다고 했습니다. '일체중생을 제도해도 제도한다는 생각을 내지 않음'은 대승정종분의 말씀을 다시 하신 것이고, '불국토를 장엄해도 장엄한다는 생각이 없다'는 것도 장엄정토분의 말씀을 다시하신 것입니다. 결국 중생을 제도하는 것과 불국토를 장엄하는 것은 별개의 것이 아니라 보살이 중생들을 제도하는 것이 불국토의 장엄입니다.

중생제도가 원초적인 것이라면 중생제도에 의해 나타난 것이 불국토 장엄입니다. 제일의제 자리에는 본래 장엄이란 것이 없지만, 보살의 지위에 오른 사람이 장엄하는 것을 세속제의 입장에서 장엄이라고 말 하는 것뿐입니다. 보살이 중생을 제도함이 없지만 제도함이 있고, 장엄함이 없음으로써 장엄하기에 진정한 장엄이 되었습니다.

그러면 보살은 중생제도와 국토장엄에 있어서 어떠한 것이 바람직할까요? "보살이 나와 법이 없음을 통달하면 여래는 그를 참말 보살이라 이름 하느니라."고 했습니다. 보살이 중생을 제도한다고 할 때, 나는 나요 중생은 법입니다. 내가 국토를 장엄할 때 나는 나요 국토장엄은 법입니다. 이것은 누누이 말한 바와 같이 사상이 없어서 '나와 법이 없음'을 통달해야 하는 것입니다. 통달이란 알고만 끝나는 것이 아니라 마음으로 체감해서 얻는 것입니다. 그래서 이 부분을 10지 가운데 제2지 이구지(離垢地 때를 여의는 지위)라고 부르게 됩니다. 이 자리가 곧 참 보살이요, 2지 이상의 보살을 의미합니다.

세친스님은 '내가 없다면 아무도 중생을 제도하거나 국토를 장엄하지 못하는 것은 아닌가(無人度生嚴土疑)'라는 의문을 던졌습니다. 여기에 대한 답은 '나가 없고 법이 없음으로써 많은 중생을 제도하고 많은 국토를 장엄할 수 있다'고 할 수 있습니다. 무착스님은 '부처님의 경지에 터 잡아 들어간다.(求佛地住)'고 보았습니다. 2지 이상의 보살은 어디 가든지 중생제도를 통해 국토를 장엄해 간다고 하겠습니다. 초지까지가 견도위(見道位)에 해당하고 2지부터 10지까지는 수도위(修道位)라고 합니다. 신해(信解)로써 굳어져 닦아 오르는 경지가 견도위를 넘어 수도위로 넘어간다고 할 수 있습니다. 저는 이를 '신해(信解)와 행동(行動)에 의지해서 증득해 들어가다.(因解行入證)'라는 과목으로 보았습니다.

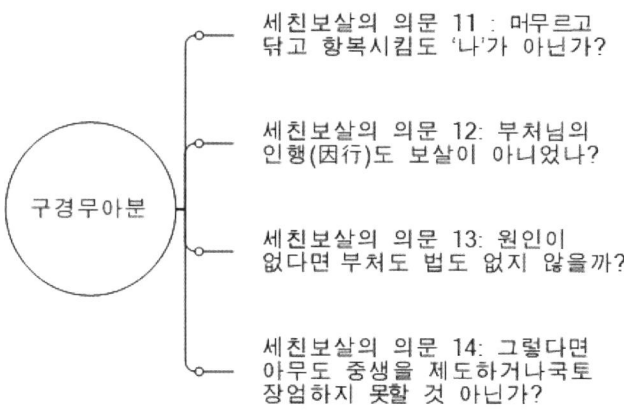

18

일체동관분
一切同觀分

모든 것을 한 바탕으로
똑같이 본다

세친스님의 의문 15
그렇다면 부처님들도 법을 보지 못했을 것이 아닌가?

須菩堤 於意云何 如來有肉眼不 如是 世尊 如來有肉眼
수보리 어의운하 여래유육안부 여시 세존 여래유육안

須菩堤 於意云何 如來有天眼不 如是 世尊 如來有天眼
수보리 어의운하 여래유천안부 여시 세존 여래유천안

須菩堤 於意云何 如來有慧眼不 如是 世尊 如來有慧眼
수보리 어의운하 여래유혜안부 여시 세존 여래유혜안

須菩堤 於意云何 如來有法眼不 如是 世尊 如來有法眼
수보리 어의운하 여래유법안부 여시 세존 여래유법안

須菩堤 於意云何 如來有佛眼不 如是 世尊 如來有佛眼
수보리 어의운하 여래유불안부 여시 세존 여래유불안

須菩堤 於意云何 如恒河中所有沙佛說是沙不 如是
수보리 어의운하 여항하중소유사불설시사부 여시

世尊 如來說是沙 須菩堤 於意云何 如一恒河中所有沙
세존 여래설시사 수보리 어의운하 여일항하중소유사

有如是沙等恒河 是諸恒河所有沙數佛世界 如是寧爲
유여시사등항하 시제항하소유사수불세계 여시영위

多不 甚多世尊 佛告 須菩堤 爾所國土中所有衆生 若干
다부 심다세존 불고 수보리 이소국토중소유중생 약간

種心 如來實知 何以故 如來說諸心 皆爲非心 是名爲心
종심 여래실지 하이고 여래설제심 개위비심 시명위심

所以者何 須菩堤 過去心不可得 現在心不可得 未來心
소이자하 수보리 과거심불가득 현재심불가득 미래심

不可得
불가득

『수보리야, 네 생각에 어떠하냐. 여래가 육안(肉眼)을 가졌느냐?』
『그러하옵니다. 세존이시여 여래가 육안(肉眼)을 가지셨나이다.』
『수보리야, 네 생각에 어떠하냐. 여래가 천안(天眼)을 가졌느냐?』
『그러하옵니다. 세존이시여 여래가 천안(天眼)을 가지셨나이다.』
『수보리야, 네 생각에 어떠하냐. 여래가 혜안(慧眼)을 가졌느냐?』
『그러하옵니다. 세존이시여 여래가 혜안(慧眼)을 가지셨나이다.』
『수보리야, 네 생각에 어떠하냐. 여래가 법안(法眼)을 가졌느냐?』
『그러하옵니다. 세존이시여 여래가 법안(法眼)을 가지셨나이다.』
『수보리야, 네 생각에 어떠하냐. 여래가 불안(佛眼)을 가졌느냐?』
『그러하옵니다. 세존이시여 여래가 불안(佛眼)을 가지셨나이다.』
『수보리야, 네 생각에 어떠하냐, 항하에 있는 모래를 부처가 모래라 말하느냐?』

『그러하옵니다. 세존이시여. 여래께서 모래라고 말씀하셨나이다.』
『수보리야, 네 생각에 어떠하냐? 한 항하에 있는 모래 수효가 많은 것 같이 그렇게 많은 항하가 있고 이 여러 항하에 있는 모래 수효와 같은 불세계가 있다면 이런 불세계는 많지 않겠느냐?』

『엄청나게 많나이다. 세존이시여.』

부처님께서 수보리에게 말씀하셨다.

『그렇게 많은 세계에 있는 중생들의 갖가지 마음을 여래가 다 아노니 무슨 까닭이겠는가? 여래가 말한 모든 마음은 모두가 마음이 아니므로 마음이라 이름할 뿐이기 때문이니라. 그 까닭이 무엇이겠는가? 수보리야, 과거의 마음도 찾을 수 없고 현재의 마음도 찾을 수 없고 미래의 마음도 찾을 수 없기 때문이니라.』

월운 노스님 강설

일체동관분이란 '모든 것을 한 바탕으로 똑같이 본다'는 뜻입니다. 세친스님의 27단의는 '그렇다면 부처님들도 법을 보지 못했을 것 아닌가?(諸佛不見諸法疑)'하는 제목을 걸었습니다. 앞에서 '내가 중생을 제도한다거나 내가 불국토를 장엄한다고 한다면 보살이 아니다'라고 하셨습니다. 그런 말씀에 대해 생각하기를 '너와 나의 차별을 보지 말아야 한다면 부처님까지도 아무런 법을 보지 못할 것 아니냐?'라고 의문한 것입니다.

구경무아분, 일체동관분, 법계통화분, 이색이상분, 비설소설분 까지 5분은 '신해와 행동에 의지해서 증득해 들어가다(因解行起入證)'는 이야기를 하고 있는데, 구경무아분 첫머리에서 여쭌 다섯 번째 질문에 대한 답을 하는 대목입니다. 구경무아분에서는 '법보와 삼신은 얻은 것이 없다'고 총괄적으로 말씀하셨고, 일체동관분은 화신 부처님의 지견이 평등하다는 것을 강조하셨다고 보고 싶습니다. 무착스님은 이 대목을 '위없는 소견과 지혜가 청정해 졌다(無上見智淨具足)'고 해서 2지 이상의 보살들이 법신을 만나는 세계로 보았습니다. 무착스님은 화신 부처님이 아니라 법신을 증득하는 세계로 본 것입니다. 그러나 일체동관분에는 육안, 천안 등이 나오는 걸로 봐서 화신 부처님의 모습으로 보는 게 맞지 않을까 생각합니다

육안(肉眼)은 육체적인 눈으로 가려지지 않은 것들을 보는 우리들의 눈입니다. 천안(天眼)은 초인간적인 눈으로 가려진 곳이나 먼 세계를 꿰뚫어 보는 눈입니다. 혜안(慧眼)은 참된 근본 지혜로 진리를 밝혀보는 눈입니다. 법안(法眼)은 후득지(後得智)로 중생교화에 능숙한 방편의 눈이

고, 불안(佛眼)은 부처님께서 끝까지 원만해진 궁극의 눈입니다. 우리 중생들은 고작 육안이 있을 뿐입니다.

　우리들의 눈이 두 개이지만 각각 보는 것이 아니듯이 부처님의 눈도 다섯이지만 따로 보는 것이 아닙니다. 부처님의 눈은 평등하므로 보고 아시는 것이 평등하다고 할 수 있습니다. 항하의 모래 같은 항하의 모래 수는 매우 많은 것을 말합니다. 이토록 많은 중생들의 갖가지 마음을 여래가 다 아신다고 했습니다. 어떤 방법으로 아실까요? 바로 위에서 말한 다섯 가지 눈에 의해서 아신다고 할 수 있습니다.

　'여래가 말한 모든 마음'은 제일의제의 입장에서 보면 마음이 아니므로 세속제의 입장에서 마음이라고 했을 뿐입니다. 즉 여래가 말한 모든 마음은 허망한 마음이란 말이고, '마음이 아니라'함은 허망한 마음이 실체가 없다는 뜻입니다. 과거 현재 미래의 마음은 실체가 없습니다. 그래서 부처님은 실체 없는 마음을 일체로 동등하게 관하시므로 차별없이 바라보게 되는 것입니다. 이것이 중생제도를 위해 나오신 화신 부처님의 기능입니다.

　어떤 떡 파는 노파가 금강경을 공부했던 덕산스님께 '과거심, 현재심, 미래심이 불가득인데 어느 마음에 점심을 하시겠습니까?하는 유명한 이야기가 있습니다. 덕산스님은 이 말에 대답하지 못했지만, 이를 계기로 선종에 입문해서 크게 깨우쳤다고 합니다. 경을 읽을 때 마음이 열려야 진정한 의미를 깨우칠 수 있다는 것을 강조한 말이라고 할 수 있습니다.

19

법계통화분
法界通化分

온 법계를 통 털어
교화한다

세친스님의 의문 16
복덕이 뒤바뀌면 마음도 뒤바뀜이 아니겠는가?

須菩堤 於意云何 若有人 滿三千大千世界七寶
수보리 어의운하 약유인 만삼천대천세계칠보

以用布施 是人 以是因緣 得福多不 如是 世尊
이용보시 시인 이시인연 득복다부 여시 세존

此人 以是因緣 得福甚多 須菩堤 若福德有實
차인 이시인연 득복심다 수보리 약복덕유실

如來不說 得福德多 以福德無故 如來說 得福
여래불설 득복덕다 이복덕무고 여래설 득복

德多
덕다

『수보리야, 어떻게 생각하느냐, 어떤 사람이 삼천대천세계에 칠보를 가득히 쌓아 놓고 보시한다면 이 사람이 이 인연으로 받는 복이 많겠느냐?』

『그러하나이다. 세존이시여, 이 사람이 이 인연으로 받는 복이 매우 많겠나이다.』

『수보리야, 만일 복덕이 있는 것이라면, 여래가 복덕이 많다고 말하지 아니하련만 복덕이 없는 것이므로 여래가 복덕이 많다고 말하였느니라.』

'화신 부처님은 복이 없는 것인가?'에 대한 답입니다. 우리들의 마음이 모두 뒤바뀌고 허망하여 참마음이 아니라면 , 이 마음에 의해 닦는 복덕도 뒤바뀐 것이 아닐까하는 의문이 들 수 있습니다. 이 대목은 반석(反釋)과 순석(順釋)으로 볼 수 있습니다. 반석은 반대쪽에서 풀이하는 것이고, 순석은 상황 그대로 풀이 하는 것입니다. 복덕이 많다는 말은 제일의제에는 그런 게 없는데, 세속제에만 있으므로 많다고 한 것입니다. 제일의제의 입장에서는 복덕이란 게 없습니다.

언뜻 이해하기가 어려운 대목입니다. 예전에는 잘 이해가 안가서 의문나는 부분을 누군가에게 물으면 '경은 따지면 안 된다'고 하는 경우가 많았습니다. "만일 복덕이 있는 것이라면, 여래가 복덕이 많다고 말하지 아니하련만 복덕이 없는 것이므로 여래가 복덕이 많다고 말하였느니라"고 했습니다. 이것은 바로 화신 부처님은 복이 없다는 의문에 대해, 화신 부처님의 복을 말씀하신 부분이라고 생각하면 좋겠습니다.

20

이색이상분
離色離相分

색을 떠나고
상을 떠난 자리

세친스님의 의문 17
무위의 법이라면 어떻게 상호가 있을까?

須菩堤 於意云何 佛 可以具足色身見不 不也
수보리 어의운하 불 가이구족색신견부 불야

世尊 如來 不應以具足色身見 何以故 如來說
세존 여래 불응이구족색신견 하이고 여래설

具足色身 卽非具足色身 是名具足色身 須菩堤
구족색신 즉비구족색신 시명구족색신 수보리

於意云何 如來 可以具足諸相見不 不也 世尊 如來
어의운하 여래 가이구족제상견부 불야 세존 여래

不應以具足諸相見 何以故 如來說諸相 具足
불응이구족제상견 하이고 여래설제상 구족

卽非具足 是名諸相具足
즉비구족 시명제상구족

『수보리야, 네 생각에 어떠하냐. 부처를 모두 갖춘 살결로써 볼 수 있겠느냐?』

『못하옵니다. 세존이시여, 여래를 모두 갖춘 살결로써 볼 수 없사오니 무슨 까닭인가 하오면 여래께서 말씀하신 모두 갖춘 살결이란 모두 갖춘 살결이 아니므로 모두 갖춘 살결이라 하옵니다.』

『수보리야, 네 생각에 어떠하냐. 여래를 모두 갖춘 거룩한 몸매로써 볼 수 있겠느냐?』

『못하옵니다. 세존이시여, 여래를 모두 갖춘 거룩한 몸매로써 볼 수 없사오니 무슨 까닭인가 하오면, 여래께서 말씀하신 모두 갖춘 거룩한 몸매는 모두 갖춘 거룩한 몸매가 아니므로 모두 갖춘 거룩한 몸매라 하옵니다.』

월운 노스님 강설

우리는 수보리 존자의 다섯 번째 질문과 대답을 살펴보고 있습니다. 진공과 묘유의 관계로 보면 묘유를 말하고 있고, 믿음과 깨달음의 세계로 본다면 깨달음의 세계를 말한다고 했습니다. 깨달음의 세계에 대한 내용 중 하나가 '부처님을 어떻게 뵙는가?'에 대한 것입니다. 그래서 저는 이 대목을 '화신의 참 모습은 모습이 없지 않다'고 보았습니다. 무득무설분에서 '부처님은 없는 바가 없다'고 하셨고, 여리실견분에서는 '부처님은 상으로 볼 수 없다'고 하셨습니다. 그런데 '상을 떠나야 된다'는 말씀에만 머무르면 소승의 단멸(斷滅)에 빠져 비현실적이게 되므로 이색이상분에서는 '겉모양이 없는 자리가 바로 부처님의 참모습'이라고 해서 실체를 보여주십니다.

운허스님께서는 '구족색신(具足色神)'이란 말을 '모두 갖춘 살결'이라고 번역하셨습니다. 구족이란 모든 것이 갖추어져 제 기능을 다한다는 뜻입니다. 다른 말로 하면 '삼십이상(三十二相)'이라고 할 수 도 있습니다. 금강경에는 '겉모양으로 부처님을 찾을 수 없다'는 얘기가 다섯 번 나오고 있습니다. 이 대목에서 이렇게 물은 뜻은 '부처님의 참 모습은 없지 않다'는 것을 도출하려는 의도입니다.

'모두 갖춘 살결'이란 세속제에 의해 그냥 이름한 것이므로 제일의제의 '모두 갖춘 살결'은 세속제의 '모두 갖춘 살결'이 아니라고 대답하신 것입니다. '여래를 모두 갖춘 살결로 볼 수 있느냐'라고 할 때, 외형적인 여래는 '모두 갖춘 살결'을 가져야 하지만, 제일의제의 여래는 '모두 갖춘 살결'이 없는 자리입니다.

'모두 갖춘 거룩한 몸매'는 '구족제상(具足諸相)'의 우리말 번역으로 '32상 80종호'를 말씀하십니다. 이 역시 제일의제와 세속제의 논리 구조상 '볼 수 없다'고 수보리 존자가 대답했습니다. 저도 처음 절에 와서 보니 '불교가 뭔가 의미가 있는 것 같은데 허망하기도 하다'란 느낌이 들었습니다. 유교에서는 불교를 '허무맹랑한 수수께끼 같은 소리'라고 하는데 불교에 정말 그런 모습이 있다고 생각했었습니다. 짜임새로 보면 '화신 부처님의 참모습은 결코 없지 않다'는 것을 말하기 위해 분명히 말씀해야 이해가 갈 텐데, 제일의제와 세속제를 대조해 가며 말씀하시니 혼동이 되게 됩니다.

'여래를 모두 갖춘 거룩한 몸매로써 볼 수 있겠느냐?'고 할 때, 여래는 제일의제의 진정한 여래입니다. 구경무아분 이전에서는 '여래는 상이 없다'고 했으므로, 상이 없는 것이 여래의 특징이라고 생각할 수 있습니다. 제일의제 부처님의 참모습은 세속제의 거룩한 모습으로는 볼 수 없습니다. 앞에서는 세속제의 거룩한 모습이 없다고 했는데, 그렇게 해서는 참 부처님의 모습이 나오지 않습니다. 참 부처님은 상이 없는 곳에 진정한 상이 있고, 몸이 없는 곳에 거룩한 몸이 있다는 것이 이 대목의 핵심입니다.

외형적으로는 겉모양으로 부처님을 볼 수 없다는 말이지만, 실제로는 상이 없는 자리에 비로소 확실하고 영원한 부처님이 계시다고 말한 것입니다. 이는 '거짓 모습 속에 참 모습이 영원히 계시다(依假見眞)'란 말로 화신 부처님의 모습이고, 이것을 만나고 체험하는 것이 깨달음의 세계입니다.

21

비설소설분
非說所說分

부처님도
부처님이 설한 법도 없다

세친스님의 의문 18
몸이 없으면 어떻게 설법하나?

須菩堤 汝 勿謂 如來作是念 我當 有所說法 莫作
수 보 리 여 물 위 여 래 작 시 념 아 당 유 소 설 법 막 작

是念 何以故 若人言 如來有所說法 卽爲謗佛
시 념 하 이 고 약 인 언 여 래 유 소 설 법 즉 위 방 불

不能解我所說故 須菩堤 說法者 無法可說
불 능 해 아 소 설 고 수 보 리 설 법 자 무 법 가 설

是名說法
시 명 설 법

『수보리야, 여래가 생각하기를 '내가 말한 법이 있다' 하리라고 너는 생각지 말라. 그런 생각을 말지니 무슨 까닭이겠는가? 어떤 사람이 말하기를 '여래께서 말씀하신 법이 있다' 한다면 이는 부처님을 비방하는 것이니, 나의 말뜻을 모르기 때문이니라. 수보리야, 법을 말한다는 것은 말할 만한 법이 없으므로 법을 말한다 하느니라.』

월운 노스님 강설

비설소설분이란 '부처님도 아니고 부처님의 설법도 아니다'란 뜻입니다. 원래는 비능설소설분(非能說所說分)인데 글자 수를 맞추다 보니 능(能)이 생략되었습니다. 능소관계는 사성제 법문을 말씀하셨다고 할 때, 말씀하신 부처님이 능설(能說)이고, 부처님이 설하신 사성제의 내용은 소설(所說)이 됩니다. 엄마가 아이를 낳는다고 할 때 엄마는 능(能)이고 아이는 소(所)가 된다고 할 것입니다.

이 대목은 무득무설분에서 '얻은 바가 없고 설한 바가 없다'는 말씀에 대해 '얻은 바도 없고 설한 바가 없음으로써 능설 소설이 없지 않다'고 말씀하십니다. 소명태자의 삼십이분은 '능설도 아니고 소설도 아니다'고 해서 단순 부정이라고 보았지만, 단순부정은 무득무설분에서 끝났고 여기에서는 부정에 부정을 거쳐 긍정을 말하기 위한 부분입니다. 구경무아분 이하는 모두 부정을 다시 부정한 상태에서 하신 말씀이라고 할 수 있습니다. 저는 '부처님과 부처님이 말씀하신 바가 없지 않다'고 보고 있습니다.

세친스님은 '몸이 없으면 어떻게 설법하는가?'하고 했습니다. 부처님의 몸이 없다면 단멸이고 설법도 없어야 하는가 하는 의문에 대해 '설법하실 참법신은 있다'고 보았습니다. 저의 견해와도 통하는 부분입니다. 무착스님도 '부처님은 위없는 언어능력을 구족하고 계시다(無上語具足)'고 했습니다. 부처님은 어떤 중생이든지 다 알아듣게 하시는 복력을 가지셨다고 했습니다. 따라서 부처님은 설법의 기능이 구족하신 셈입니다.

"여래가 생각하기를 '내가 말한 법이 있다'하리라고 너는 생각지 말라."

고 하신 것은 오해하지 말라고 하신 것입니다. 부처님의 말한 뜻이 무엇이기에 오해하지 말라고 하신 걸까요? 정견(正見)을 보이신다면 똑 부러지게 말씀하시면 좋을 터인데, 다시금 '법을 말한다는 것은 말할 만한 법이 없으므로 법을 말한다 하느니라.'고 제일의제와 세속제로 말씀하십니다. 제일의제(第一義諦) 안에서 참부처의 모습으로 '법을 말하는 것'을 세속제의 말로 할 수 없다는 것입니다.

정리하자면 비설소설이란 부처님이 설하신 일도 없고, 부처님에 의해 설해진 법도 없다는 뜻입니다. 하늘에 구름도 없고 안개도 없을 때 맑은 하늘이 영원히 남았다는 얘기입니다. 그래서 부처님은 수보리에게 '내가 말한 법이 있다'고 한다면 부처님을 비방하는 것이라고 하셨습니다.

미륵게송에서는 '부처와 같이 법도 그러하니, 능설과 소설로 나뉘어진다. 능설과 소설이 법계를 떠나서 있을 수 없으니 설법도 제모습(自相)이 없다.(如佛法亦然 所說二差別 不離於法界 說法無自相)'고 했습니다. 능설 소설이 따지고 보면 법계를 여의고 있는 것이 아니므로 여래의 설법이 따로 존재할 수가 없습니다. 결론적으로 이것이 화신의 설법입니다. 무득무설분에서는 단순히 '설한 바 없다'고 하셨지만, 여기서는 설법의 자취가 없는 것이 법계를 떠나 따로 있지 않으므로 설한 법뿐만 아니라 설한 부처도 없다고 하십니다. 그러나 설한 법과 설한 부처도 법계를 여의지 않고 있으므로 이것이 바로 화신 부처님의 설법모습을 뵙는 길입니다.

부처님은 중생구제를 위해 신구의(身口意)의 세 가지 법륜을 굴리십니다. 부처님의 입은 법문을 주시는 교계륜(敎戒輪), 부처님의 몸은 중생으로 하여금 악심을 버리고 발심하게 하는 신족륜(神足輪), 부처님의 마음은 중생들의 마음을 알고 살피는 기심륜(記心輪)이라고 합니다. 이렇게 삼륜을 가지고 중생을 교화하시는 데, 비설소설분을 무착스님은 '부처님의 말씀(어법)'으로 보았고, 세친스님은 '부처님의 설법'으로 보았습니다. 저는 '화신 설법의 정의'로 보았습니다. 이색이상분은 신족륜-화신의 몸', 일체동관분은 기심륜-'부처님의 마음'입니다. 이렇게 해서 다섯째 질문에 의해 화신 부처님의 교계륜, 신족륜, 기신륜 등이 다 등장했습니다. 실로 공한 자리에 실로 공하지 않은 실체가 있다는 것을 보여 주신 것입니다. 부처님의 세계를 진정코 만나는 방법이 구경무아분, 일체동관분, 법계통화분, 이색이상분, 비설소설분의 다섯 분(分)에서 구체적으로 얘기가 되었습니다.

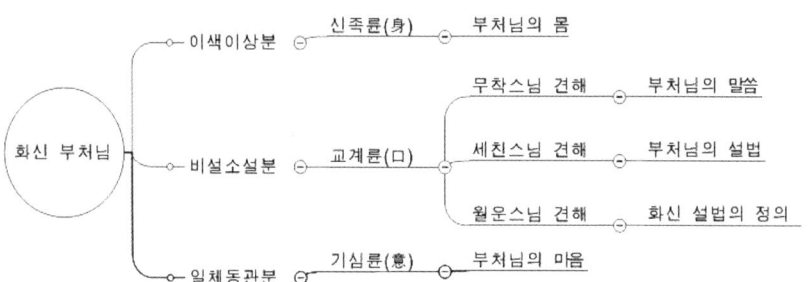

爾時 慧命須菩堤白佛言 世尊 頗有眾生 於未
이 시 혜명수보리백불언 세존 파유중생 어미
來世 聞說是法 生信心不 佛言 須菩堤 彼非眾生
래세 문설시법 생신심부 불언 수보리 피비중생
非不眾生 何以故 須菩堤 眾生眾生者如來說
비불중생 하이고 수보리 중생중생자여래설
非眾生 是名眾生
비중생 시명중생

그때에 혜명 수보리가 부처님께 사뢰었다.
『세존이시여, 어떤 중생이나 오는 세상에 이런 법문을 듣잡고 믿음을 낼 이가 있겠나이까?』
부처님께서 대답하셨다.
『수보리야, 저들은 중생도 아니요 중생 아님도 아니니 무슨 까닭이겠는가? 수보리야, 중생이라 중생이라 한 것은 여래가 말하기를 중생이 아니므로 중생이라 하느니라.』

월운 노스님 강설

"그때에 혜명 수보리가 부처님께 사뢰었다."는 원래 없던 구절인데, 유명선사가 추가한 부분입니다. 유명선사란 분이 저승에 갔는데, 이 대목이 이승에는 없는 대목이었다고 합니다. 그래서 인간 세상에 이 부분을 전하고 싶다고 염라대왕에게 부탁해서 다시 살아 나와 전한 부분이라고 합니다. 따라서 이 부분을 유명선사소가분(幽冥禪師所加分)이라고 합니다.

여기서 나오는 수보리의 질문 '세존이시여, 어떤 중생이나 오는 세상에 이런 법문을 듣잡고 믿음을 낼 이가 있겠나이까?'는 정신희유분의 질문과 동일합니다. 이 질문은 구경무아분 이하 '없는 가운데 진짜로 있는 것'을 말하는 취지로 보아야 할 것입니다. 마치 갓난아이에게 '못난이'라고 말하지만, 사실은 '못난이'란 말 속에 예뻐하는 진짜 뜻이 들어 있는 것과 같습니다.

　여기에 대해 부처님께서 "그들은 중생도 아니요, 중생 아님도 아니니 무슨 까닭이겠는가?"라고 하셨습니다. 그렇다면 부처님 입장에서 말세 중생이 금강경 법문을 듣고 믿음을 낼 이가 있다고 하신 걸까요? 없다고 하신 걸까요? 쉬운 말로 거룩한 말씀이 아무리 어렵다고 하지만 믿음을 낼 것이니 이들을 중생이 아니라고 하신 것입니다. 겉은 중생이지만 믿음의 선근이 있고 부처의 씨가 있다는 말씀입니다. 믿음이 약하거나 진실한 믿음을 내지 못할 수도 있으므로 중생 아님도 아니라고 하신 것입니다. 이것을 제일제와 세속제의 논리로 말한다면, 제일의제에는 평등한 경지이므로 중생도 중생 아님도 없지만, 중생 아님도 아니라는 세속제에서 본 경우입니다. "중생이라 중생이라"에서 앞의 중생은 '중생 아닌 자'고, 뒤의 중생은 '중생 아님도 아닌 자'입니다. 다시 말하면 중생이라 할 것이 없지만 중생이라 말하는 이유는 어리석은 바보 중생에 국한시킨 뜻이 아니라 중생이면서도 성인의 종자를 내포하고 있으므로 거룩한 중생이란 뜻에서 중생이라 부른다는 말입니다. 그러므로 오는 세상에 이 법을 믿는 중생은 겉모양은 비록 중생이지만 거룩한 중생이라 해서 믿을 이가 있다는 것과 믿음을 내야한다는 것을 강조하셨습니다. 혜명 수보리 이하의 유명선가소가분은 다섯 번째 질문 '인해행입증(因解行入證)'에 대한 총정리로서 이득이 컸다는 것을 보여주고 있습니다.

※ 금강경 과목 중간정리

금강경의 줄거리를 추리는 것은 자구를 하나하나 보는 것 못지않게 중요합니다. 금강경을 수보리의 질문중심으로 정리해 보면 6단원으로 구성해 볼 수 있습니다.

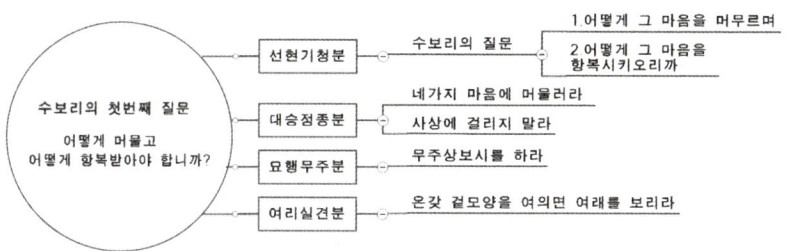

첫번째 질문은 선현기청분에서 '보살의 공부하는 방향'을 총체적으로 물었습니다. 그에 대한 대답으로 수행도 티가 없어야하고, 성불도 티가 없어야 한다고 하셨습니다.

두번째 질문(擧科勸信)은 정신희유분에서 '그렇게 어려운 법을 누가 믿겠습니까?'하고 물었습니다. 두 번째 질문에 대한 대답은 존중정교분까지 7분에 걸쳐 말씀하십니다. 무득무설분에서 '법보와 삼신 모두 얻을 것이 없고 말한 바가 없다' 고 하셨고, 일상무상분에서 성문사과도 얻은 바가 없다 하셨으며, 장엄정토분에서 국토를 장엄하신 바도 없고 화신과 보신도 얻은 바가 없다고 하십니다. 유를 억제하고 무를 강조하시는 대답입니다.

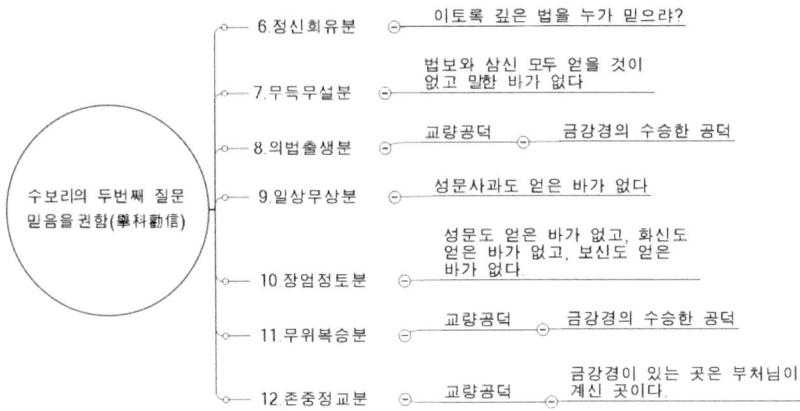

　세 번째 질문(因勸立信)은 여법수지분입니다. 일반 경전은 경 설법이 끝나면 '이 경을 어떻게 지녀야 하겠습니까?'라는 질문으로 끝나게 됩니다. 금강경도 사실상 앞에서 '집착하지 말라, 있는 것이 없다. 겉모양을 보지 말라' 등 '색을 모아 있는 현상을 공으로 돌림(會色歸空)'으로 법문이 끝난 셈입니다.

　네 번째 질문((因信起解)은 이상적멸분에서 시작됩니다. 상을 여의면 적멸이 나타난다고 했습니다. 법화경 제1구게도 '상을 여읜 자리에 적멸이 있다'고 했습니다. 상을 여의고 적멸해졌을 때 적멸이 없지 않습니다. 이상적멸분에서 확실한 신해, 지경공덕분에서 찬탄, 능정업장분에서 그에 대한 행을 얘기합니다. 그래서 믿음에 대해서 해와 행을 일으킨다고 보았습니다. 이것은 두 번째 질문에 나타난 가르침을 신념으로 바꾸어 나가는 대목입니다.

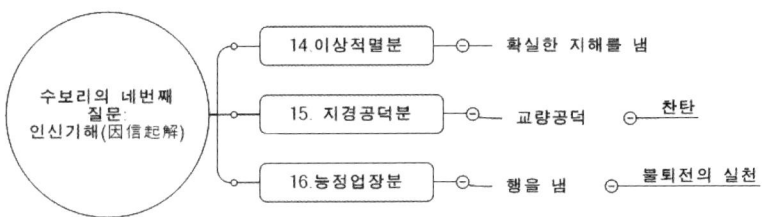

　다섯째 질문(因解行入證)은 구경무아분에서 이루어집니다. 구경무아분에 나오는 다섯 번째 질문은 앞에서 한 질문이 다시 나옵니다. 이 부분을 저는 '믿고 이해하고 실천한 것에 의거해서 깨달음에 들어가는 법문'이라고 보고 있습니다. 진정한 깨달음은 치우침이 없어야 하는데 첫 번째, 두 번째 질문에 대한 대답은 현실을 부정하면서 끝냈습니다. 부정으로 끝낸 것을 잘못 알면 아무것도 없다는 소승의 모습으로 돌아갈 수 있습니다. 그래서 구경무아분 이하 말씀은 '진실로 없을 때 없지 않은 도리를 만나게 된다.'고 해서 오히려 유의 도리를 강조하고 있습니다. 심지어 '겉모양을 떠나서는 부처를 볼 수 없다'고 까지 말씀하십니다.

　구경무아분 이상은 진공을 강조했다면, 구경무아분 이하는 묘유를 말씀하셨다고 할 수 있습니다. 깨달음과 믿음으로 본다면, 구경무아분 이전은 믿음이고 철학이라면 구경무아분 이하는 마음으로 깨달은 세계이고, 부처님의 공덕을 말한 부분이라고 할 것입니다. 그래서 일체동관분에 이르러서 부처님께서는 모든 중생을 외면하지 않으시고 보신다고 하셨습니다.

수행과정으로 본다면, 능정업장분까지 와서 난위, 정위, 인위, 세제일 위의 사가행(四加行)을 끝마치고, 구경무아분에서 초지보살에 오른 다고 할 수 있습니다. 초지보살 이상은 부처님의 법신과 접하므로 성인이라고 합니다. 그 깨달음의 내용은 '실로 부처님은 상이 없을 때 없지 않은 것이 얻어진다'는 것이며, 일체동관분 이하로는 부처님의 공덕을 제시됩니다. 부정하고 부정한 끝에 도달한 긍정의 핵심입니다.

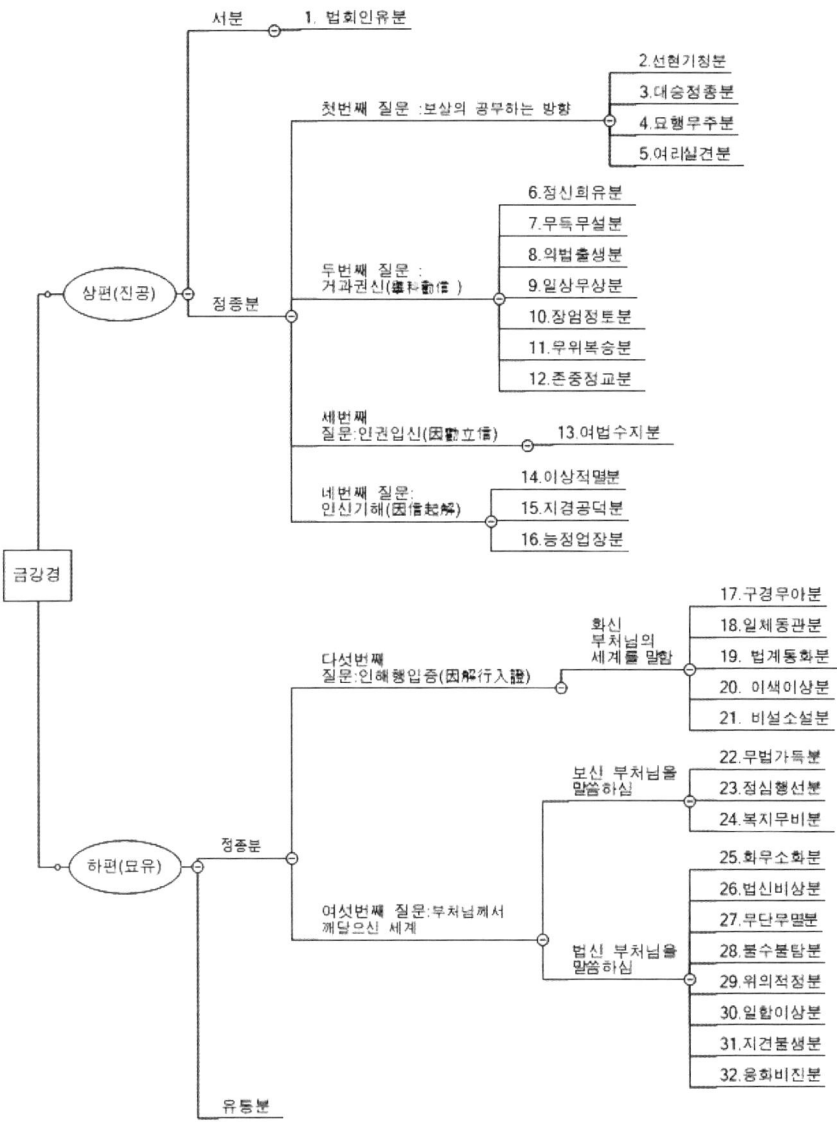

II 정종분

여섯번째 질문
부처님께서 깨달으신 세계

22. 무법가득분
23. 정심행선분
24. 복지무비분
25. 화무소화분
26. 법신비상분
27. 무단무멸분
28. 불수불탐분
29. 위의적정분
30. 일합이상분
31. 지견불생분
32. 응화비진분

22

무법가득분
無法可得分

어떤 법도
얻을 수가 없다

세친스님의 의문 19
법이 없으면 어떻게 닦고 증득하는가?

須菩堤白佛言 世尊 佛得阿耨多羅三藐三菩提
수 보 리 백 불 언 세 존 불 득 아 뇩 다 라 삼 먁 삼 보 리

爲無所得耶 佛言 如是如是 須菩堤 我於
위 무 소 득 야 불 언 여 시 여 시 수 보 리 아 어

阿耨多羅三藐三菩提 乃至 無有少法可得 是名
아 뇩 다 라 삼 먁 삼 보 리 내 지 무 유 소 법 가 득 시 명

阿耨多羅三藐三菩提
아 뇩 다 라 삼 먁 삼 보 리

수보리가 부처님께 사뢰었다.

『세존이시여, 부처님이 아뇩다라삼먁삼보리를 얻으신 것은 얻으신 바가 없기 때문이옵니까?』

『그러하니라, 그러하니라, 수보리야, 내가 아뇩다라삼먁삼보리의 법에서 조그마한 법도 얻은 것이 없으므로 아뇩다라삼먁삼보리라 하느니라』

월운 노스님 강설

무법가득분(無法可得分)은 '어떤 법도 얻을 수가 없다'는 뜻입니다. 무법가득분에서 수보리의 여섯 번째 질문이 시작됩니다. 이 내용은 위의 무득무설분 이후 네 번째 반복해서 말씀하신 내용이지만 여기서는 의미가 좀 다릅니다. 금강경에는 반복되는 내용들이 많이 있습니다. 예를 들어 '말법 중생이 믿기 어려울 것'이라든가, '금강경을 읽으면 공덕이 무량하다'는 내용 등은 여러 번 반복되는 구절입니다. 여기에 대해 어떤 사람들은 중생들이 이해하지 못하거나 잊어 버릴까봐 자꾸 강조하신 거라고 해설하기도 하는 걸 들었습니다만, 실제로는 내용을 거듭하면서 의미가 달라지는 걸 알아야 합니다.

제가 볼 때는 다섯 번째 질문에서는 화신 부처님을 말씀 하신 것에 반해 여섯 번째 질문인 '무법가득분'부터 '불수불탄분'까지는 보신 부처님, 29분부터는 화신 부처님과 법신 부처님의 관계를 말씀하신 대목입니다.

수보리는 "부처님이 아뇩다라삼먁삼보리를 얻으신 것은 얻으신 바가 없기 때문이옵니까?"라고 여섯 번째 질문을 던졌고, 부처님께서는 "그러하니라, 그러하니라."하고 흔쾌히 인정하셨습니다. 이것을 '얻은 법이 없음으로서 부처님 정각의 몸을 삼았다.(無法爲正覺)'고 했습니다. 몸이 32상 80종호를 갖추고 있으면 이를 화신(化身)이라고 하고, 깨달음에 상응해서 나타나신 몸을 보신(報身)이라 합니다. 화신은 중생들이 알아볼 수 있도록 나타나신 몸이라면, 보신은 '수미산 같은 몸', '동떨어지게 큰 몸', '얻은 바 없이 얻은 몸'이라고 했습니다. 법신은 얻은 바 없는 그대로를 말합니다. 그래서 소명태자는 '얻을 법이 없다'고 했는데, 경전의 구조상 '어떤 법도 진정코 없을 때 얻은 몸'이라고 말하신 것입니다. 그래서 부처님께서는 "아뇩다라삼먁삼보리의 법에서 조그마한 법도 얻은 것이 없으므로 아뇩다라삼먁삼보리라 하느니라."고 대답하셨습니다. 이는 마치 일상무상분에서 '아라한들이 얻은 바가 없으므로 아라한이 되었다'라는 말과 맥락을 같이 하는 것처럼 보이기도 합니다.

그러나 일상무상분은 '털어 버려야 한다'라는 것이 주가 되고, 여기서는 '털어 버린 자리에 진정코 털어 버릴 수 없는 주체'가 있다는 것이 주안입니다. 그래서 이 대목을 '보신 부처님의 체상(體相)'이라고 부릅니다. 무착 스님은 이 부분부터 32분 응화비진분까지 '부처님의 마음세계를 설명하는 내용'으로, 무법가득분은 '티끌 없는 거울처럼 아무 것도 얻은 것이 없다'는 말씀으로 보았습니다. 세친스님은 '법을 어떻게 닦을 수 있겠는가?'라는 질문이 여기서 생겼다고 했습니다. 마치 코스가 정해져야 마라톤 선수가 뛸 텐데, 코스가 없다면 어떻게 달릴 수 있겠느냐는 의문입니다.

다섯 번째 질문인 구경무아분부터는 불교가 '아무 것도 없다'라는 무기력증에 걸린 것을 붙들어 일으키는 말씀입니다. 무법가득분도 무득무설분의 내용과 동일합니다. 구경무아분 이전의 무득무설분에서는 '버리라'는 취지였는데, 구경무아분 이후에는 '얻음이 없음으로써 얻음'이 있다는 취지로 바뀝니다. 무법가득분에서 나오는 여섯 번째 질문은 부처님께서 깨달으신 세계에 대한 질문입니다. 이에 대해 부처님께서는 '얻은 법이 없음으로서 부처님 정각의 몸을 삼았다(無法爲正覺)'는 대답으로 보신의 세계를 말씀해 주셨습니다.

23

정심행선분
淨心行善分

깨끗한 마음으로
선을 행한다

復次 須菩堤 是法平等無有高河 是名阿耨多
부 차 수보리 시법평등무유고하 시명아뇩다

羅三藐三菩提 以無我 無人 無衆生 無壽者 修一切
라 삼 먁 삼 보 리 이무아 무인 무중생 무수자 수일체

善法 卽得阿耨多羅三藐三菩提 須菩堤 所言
선 법 즉 득 아 뇩 다 라 삼 먁 삼 보 리 수 보 리 소 언

善法者如來說 卽非善法 是名善法
선 법 자 여 래 설 즉 비 선 법 시 명 선 법

『또 수보리야, 이 법은 평등하여 높은 것도 없고 낮은 것도 없으므로 아뇩다라삼먁삼보리라 하나니, 아상도 없고 인상, 중생상, 수자상이 없이 착한 법을 닦으면 즉시에 아뇩다라 삼먁삼보리를 얻느니라. 수보리야, 착한 법이란 것은 여래가 말하기를 착한 법이 아니므로 착한 법이라 하느니라』

월운 노스님 강설

정심행선분은 깨끗한 마음으로 선을 행한다는 뜻입니다. 보신 부처님은 어떤 마음과 행동을 하실까요? 제목처럼 부처님의 마음은 '청정한 마음'이고 행동은 '선을 행하는 것'입니다. '이 법'은 금강경이 말하는 '얻은 바 없이 얻은 법'으로 부처님만이 아시는 법입니다. 법성게에도 '증득한 사람만이 알뿐 다른 사람이 알 수 있는 경계가 아니다(證智所知非餘境)'이라고 했습니다. '이 법'은 평등해서 '높은 법도 없고 낮은 법도 없다'고 하셨습니다. 아뇩다라삼먁삼보리는 평등의 법이요 정각이므로, 평등으로 정각을 삼는 아뇩다라삼먁삼보리는 없지 않다는 것입니다. 따라서 아무것도 없다는 생각에 빠져 무기력한 상태에 빠지는 것을 경계하셨습니다.

'봄바람은 높고 낮음이 없지만 꽃가지는 길어지기도 하고 짧아지기도 한다(春風無高下 花枝自長短)'는 말이 있습니다. 부처님께서 선을 행하시는 법이 평등해서 고하가 없다고 했습니다. 보신 부처님의 세계는 알아보기가 어렵습니다만 '평등으로 정각을 삼는다(平等爲正覺)'고 하셨습니다. 평등한데 왜 꽃가지는 길고 짧음이 있을까요? 각기 제 성품에 따라 달라졌던 것입니다.

부처님께서는 사상(四相)이 없으므로 평등하게 선을 행하신다고 했습니다. 평등이란 어떤 영역이 있는 것이 아니라 사상이 없으면 저절로 평등행이 이루어진다는 뜻입니다. 무착스님은 이 대목을 '부처님의 마음씨가 청정하다'고 했고, 세친스님은 '법이 없으면 어떻게 증득할까?'라는 의문에 대한 대답으로 '자포자기에서 벗어나는 말씀'이라고 보았습니다. 그 방법은 사상을 없애는 것-정수(正修)이고, 온갖 착한 법을 닦는 것-조수(助修)입니다.(以正助修正覺) 그동안의 말씀은 사상을 없애라고만 하셨는데, 여기서는 '사상을 없애고 온갖 착한 법을 닦으라'고 하셨습니다. 온갖 착한 법을 어떻게 닦을까요? 사상이 없다면 좋은 일을 많이 해야 합니다. 자기 자신의 욕심을 위해서 하는 좋은 일이 아니라 사상이 없이 좋은 일을 한다면 무슨 흉이 되겠습니까?

직접적인 수행(正修)은 사상에 집착하지 않는 것이고, 사상에 집착하지 않기 위해서는 '온갖 착한 법을 닦으라(助修)'는 말씀입니다. 이 말씀은 구경무아분 이전의 말씀과는 완전히 각도가 다릅니다. 이 경의 안목으로 볼 때 사상이 없어진 상태에서는 착한 법을 많이 행하라는 것이고, 그러면 즉시 아뇩다라삼먁삼보리를 얻어 정각을 얻을 수 있다는 것입니다. 보신 부처님의 내면의 세계는 상에 집착하지 않고 현실에 충실한 것으로, 이것이 부처님의 이상적인 행동윤리입니다. 그래서 부처님께서도 왕자의 몸으로 고행을 하시고, 다생겁을 거치면서 미물 짐승을 건지기 위해 몸을 버리시기도 하셨습니다.

그 다음 구절은 '자취를 떨어버림－불적(拂跡)'입니다. 착한 법(善法)을 닦으라고 하면 착한 법을 찾아 헤매일까 봐 "착한 법이란 것은 여래가 말하기를 착한 법이 아니므로 착한 법이라 하느니라."고 하셨습니다. 제일의제에는 착한 법이 없지만 세속제로 착한 법이라고 밖에 말할 수 없으므로 일상에서 착한 법을 찾으려 하지 말라는 뜻입니다.

소명태자는 무법가득분과 정심행선분을 나누었지만 내용상 하나입니다. 무법가득분은 보신 부처님의 깨달은 세계, 정심행선분은 부처님의 내면세계(마음씨, 행동윤리)에 대한 말씀이라고 할 수 있습니다.

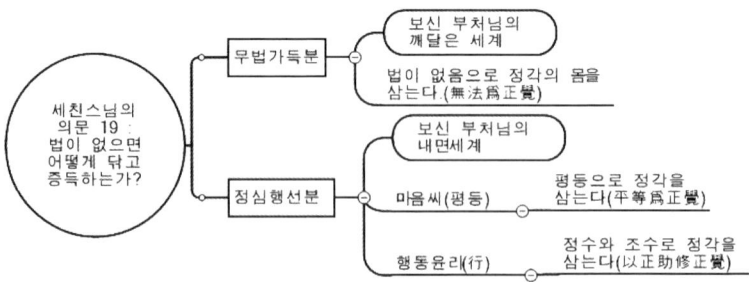

24

복지무비분
福智無比分

복과 지혜가
견줄 수 없이 많다

세친스님의 의문 20
말씀하신 바가 무기이거늘
어떻게 성불의 원인이 되겠는가?

須菩堤 若三千大千世界中 所有諸須彌山王
수보리 약삼천대천세계중 소유제수미산왕

如是等七寶聚 有人 持用布施 若人 以此般若波羅
여시등칠보취 유인 지용보시 약인 이차반야바라

蜜經 乃至 四句偈等 受持讀誦 爲他人說 於前福德
밀경 내지 사구게등 수지독송 위타인설 어전복덕

百分不及一 百千萬億分 乃至 算數譬喩 所不能及
백분불급일 백천만억분 내지 산수비유 소불능급

『수보리야, 어떤 사람이 삼천대천세계 안에 있는 여러 수미산들처럼 그렇게 큰 칠보로 보시하더라도, 다른 사람이 이 반야바라밀경에서 사구게 만이라도 받아 지니고 읽고 외우고 남에게 일러 준다면 앞의 공덕으로는 백분의 일에도 미치지 못하며 천만억분의 일에도 미치지 못하며 나아가서는 수효나 비유로도 미칠 수 없느니라.』

월운 노스님 강설

우리는 지금 수보리의 여섯 번째 물음에 의해 부처님께서 깨달은 내용을 말하고 있습니다. 이 부분은 금강경의 사실상 알맹이에 해당합니다. 무법가득분에서는 '얻은 바가 없으심으로 얻음을 삼으신다'고 하셨고, 정심행선분에서는 '마음은 맑으시고 행은 선하시다'고 하셔서 부처님의 얻으신 법, 마음씨, 수행의 세 가지를 말했습니다.

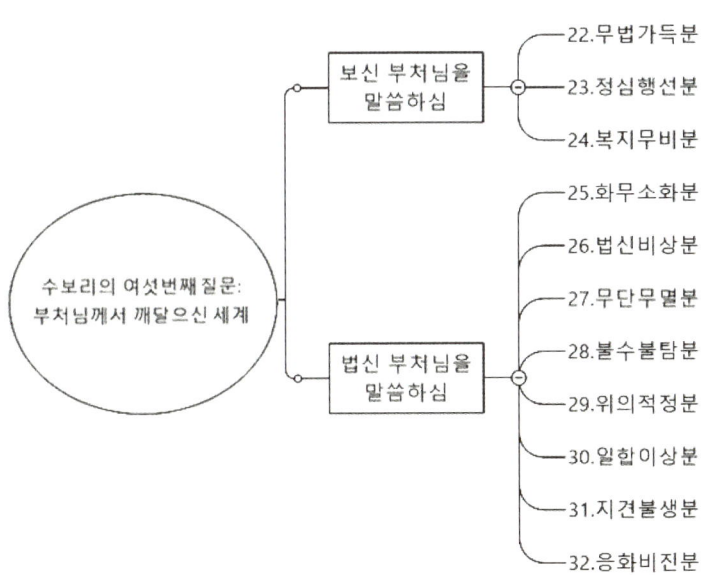

수보리 존자의 여섯 번째 질문

복지무비분은 복과 지혜가 견줄 수 없이 많다는 뜻입니다. 왜 갑자기 복과 지혜가 많다는 이야기가 나오는 이유는 뭘까요? 삼천대천세계에 보시하더라도 금강경 읽은 것만 못하다는 이야기가 총 10번 나오는데 복지무비분에서 8번째로 말하고 있습니다. 여기서는 내용이 좀 달라져서 칠보로 보시한 공덕이 사구게 읽는 공덕의 천만억분의 일도 미치지 못한다고 했습니다. 무착스님은 무법가득분에서 응화비진분까지의 11분은 '부처님의 마음씨를 말하는 부분'이라고 했습니다. 얻은 바 없이 얻으신 아뇩다라삼먁삼보리의 복은 비교할 수 없을 만큼 많다고 보았습니다. 세친스님은 '말씀하신 바가 무기(無記)이거늘 어떻게 성불의 원인이 되겠는가?'라고 의문했습니다.

경의 말씀은 낱말, 구절, 문장(名句文)으로 표기되는데 이것들은 선도 아니고 악도 아닌 무기(無記)에 해당합니다. 그렇다면 어떻게 무기(無記)로 착한 법의 극치인 보리를 얻을 수 있는가하는 의문입니다. 이에 대한 대답으로 경을 읽다 보면 깨달음이란 지혜가 생기므로 보시한 공덕에 비길 수 없을 만큼 크다고 보고 있습니다. 깨달음의 세계에 이르기 위해 경을 읽는 것이 필요하다는 뜻입니다. 이렇게 볼 때 복은 지혜에 비해 하찮은 것이므로 비교할 수 없는 대상이 됩니다. 미륵게송에는 '비록 말이 무기(無記)법이지만 말씀은 깨달음을 얻는 원인이 된다. 그러므로 한 토막의 법보가 무량한 칠보 보배를 이긴다(雖言無記法 而說是彼因 是故一法寶 勝無量珍寶).'고 했습니다.

삼천대천세계에 칠보로 보시한 공덕이 거듭해서 나오는 것은 단순히 강조하기 위한 것이 아닙니다. 세친스님이 앞의 이상적멸분에서 제기한

'말은 허무한 것, 그것으로 어떻게 진여를 깨치랴?'는 의문은 '유위법인 말로 무위법에 갈 수 있는가?'하는 질문이고, 여기서는 무기(無記)가 어떻게 성불의 원인이 되는 것인가를 물은 것입니다.

제 생각에는 무법가득분, 정심행선분에서 말씀하신 보신 부처님의 깨달음, 마음씨, 행동의 세 가지 요소를 금강경만이 말했으므로, 금강경을 읽는 공덕이야 말로 어떤 보시보다도 훌륭하다고 본 것이라고 생각합니다. 따라서 복지무비분은 무법가득, 정심행선분의 말씀에 대한 교량공덕(校量功德)으로 봐야 할 것입니다.

보신의 세계에 대해 긍정하는 마음은 자신이 그와 똑같이 될 수 있는 출발점입니다. 이에 대한 수희(隨喜)찬탄으로 '받아 지니고(受持), 읽고(讀), 외우고(誦), 옮겨 쓰고(書寫) 남을 위해 해설(爲人解說)'의 오종법사의 공덕을 말했습니다. (경문에는 서사가 빠져 있습니다.) 경을 읽음으로써 보신 부처님의 세계에 대한 이해가 깊어지면 법신 부처님을 만날 터전이 됩니다. 무착스님은 이를 '마음에 복덕과 지혜가 구족하심(無上身具足)'이라 하셨습니다. 부처님이 되시더라도 복덕과 지혜가 없으면 중생들이 따르지 않습니다.

25

화무소화분
化無所化分

교화 하실 분도
받을 분도 없다

세친스님의 의문 21
평등하면 어떻게 중생을 제도하나?

須菩堤 於意云何 汝等 勿謂 如來作是念 我當度衆
수보리 어의운하 여등 물위 여래작시념 아당도중

生 須菩堤 莫作是念 何以故 實無有衆生如來度者
생 수보리 막작시념 하이고 실무유중생여래도자

若有衆生如來度者 如來 卽有我人衆生壽者 須菩堤
약유중생여래도자 여래 즉유아인중생수자 수보리

如來說有我者 卽非有我 而凡夫之人 以爲有我
여래설유아자 즉비유아 이범부지인 이위유아

須菩堤 凡夫者如來說 卽非凡夫 是名凡夫
수보리 범부자여래설 즉비범부 시명범부

『수보리야, 네 생각에 어떠하냐? 너희들은 여래가 중생을 제도하리라고 생각한다고 여기지 말라. 수보리야, 그런 생각을 하지 말지니, 무슨 까닭이겠는가? 진실로 어떤 중생도 여래가 제도할 것이 없느니라. 만일 어떤 중생을 여래가 제도할 것이 있다면 이는 여래가 아상, 인상, 중생상, 수자상이 있다는 것이니라. 수보리야, 여래가 말하기를 '아상이 있다'한 것은 곧 아상이 아니거늘 범부들은 아상이 있다고 여기느니라. 수보리야, 범부라는 것도 여래는 말하기를 '범부가 아니라'하느니라.』

월운 노스님 강설

화무소화분은 '교화 하실 분도 받을 분도 없다'는 뜻으로 절대 평등한 세계를 말씀합니다. 정심행선분에서 '이 법은 평등하여 높은 것도 없고 낮은 것도 없다'고 하셨는데, 그 평등의 원리를 다시 한 번 풀이하시는 내용입니다. 의미상으로는 법신의 정의입니다.

구경무아분에서 나오는 다섯 번째 질문을 통해 비설소설분까지 '없는 가운데 있는 도리'를 찾았고, 화신 부처님의 세계를 보여주셨습니다. 무법가득분부터 복지무비분까지는 보신 부처님을 말씀하시고, 보신 부처님을 이해할 수 있는 법이 금강경에 들어 있으므로 공덕이 한량없음을 찬탄하셨습니다.

화무소화분부터는 법신 부처님을 말씀하시는데, 법신은 평등해서 '교화하는 이(能化)'도 없고 '교화받는 이(所化)'도 없습니다. 화신 부처님은 범부가 뵙고, 보신 부처님은 십지에 오른 지상보살이 뵙습니다. 법신 부처님은 부처님끼리도 보지 못하는 절대 평등입니다(佛佛不相見). 가끔 화무소화분을 '교화하되 교화한 바가 없다'라고 새기는 분들도 있는데 이것은 정곡을 찔렀다고 말하기 어렵습니다. '교화하는 이(能化)도 없고 교화 받는 이(所化)도 없다.'고 새겨야 법신에 대한 말씀이 됩니다.

불경이 어렵다지만 알고 보면 그렇게 어려울 것도 없습니다. 화무소화분(化無所化分)이란 제목에서 말씀하고자 하는 취지를 찾아내면 됩니다. 법신의 본체는 어떠한 것일까요? 평등하여 높고 낮음이 없는 진리일 뿐입니다. 봄은 원근(遠近)과 고하(高下)가 없이 골고루 옵니다만 그늘

진 곳은 천천히 오고 양지 바른 곳은 빨리 오는 것처럼 보일 뿐입니다.

세친스님은 '평등하면 어떻게 중생을 제도하는가?'하고 물었습니다. 만약 법이 평등하다면 제도 받을 이와 제도 하실 이의 차이가 없으니 불가능 한 것이 아닌가하는 의문입니다. 이에 대해 부처님의 교화방편은 '능화도 없고 소화도 없다'하셨습니다.

"여래가 중생을 제도하리라고 생각한다고 여기지 말라."고 하셨습니다. 여래를 평가하기를 '중생을 제도하고 있다고 생각하겠지?'하는 착각을 하지 말라는 것입니다. 이는 부처님의 정견을 보여주시기 위해 하신 말씀입니다. "진실로 어떤 중생도 여래가 제도할 것이 없느니라."가 부처님의 대답입니다. 어떤 중생을 제도하고 있다면 부처님은 망상꾸러기가 되고 맙니다. 즉 부처님은 중생을 제도하고 있다는 생각 자체가 없다는 뜻입니다. 그 다음은 자취를 털어냄(拂跡)입니다. 아상, 인상, 중생상, 수자상도 제일의제에 없고 범부라는 것도 제일의제에는 없는 것입니다.

26

법신비상분
法身非相分

법신은 상에 있지 않다

세친스님의 의문 22
모양다리만으로도 참부처님을 짐작해 알지 못할까?

須菩堤 於意云何 可以三十二相 觀如來不
수 보 리 어 의 운 하 가 이 삼 십 이 상 관 여 래 부
須菩堤言 如是如是 以三十二相 觀如來 佛言
수 보 리 언 여 시 여 시 이 삼 십 이 상 관 여 래 불 언
須菩堤 若以三十二相 觀如來者 轉輪聖王
수 보 리 약 이 삼 십 이 상 관 여 래 자 전 륜 성 왕
卽是如來 須菩堤白佛言 世尊 如我解佛所說義
즉 시 여 래 수 보 리 백 불 언 세 존 여 아 해 불 소 설 의
不應以三十二相 觀如來 爾時 世尊 而說偈言
불 응 이 삼 십 이 상 관 여 래 이 시 세 존 이 설 게 언
若以色見我 以音聲求我 是人行邪道 不能見如來
약 이 색 견 아 이 음 성 구 아 시 인 행 사 도 불 능 견 여 래

『수보리야, 네 생각에 어떠하냐? 32상으로 여래를 볼 수 있겠느냐?』
수보리가 사뢰었다.
『그러하옵니다. 32상으로 여래를 볼 수 있습니다.』
부처님께서 말씀하셨다.
『수보리야, 만일 32상으로 여래를 볼 수 있다면 전륜성왕도 여래라고 하리라.』
수보리가 부처님께 사뢰었다.
『세존이시여, 제가 부처님의 말씀하시는 뜻을 알기로는 32상으론 여래를 보지 못하겠나이다.』
그때에 세존께서 게송으로 말씀하셨다.
『겉모양에서 부처를 찾거나 목소리로써 부처를 구한다면 이 사람은 삿된 도를 행하는지라 끝끝내 여래를 보지 못하리.』

월운 노스님 강설

　세친스님의 27단의는 '모양다리만으로는 참 부처님을 짐작해 알 수 있지 않을까?'하는 의문을 제기했습니다. 참 부처님(法臣)은 상으로 볼 수 없다는 말입니다. 이 말씀은 여리실견분, 여법수지분, 이색이상분, 무법가득분에서 여러 번 하신 말씀입니다. 유를 부정하고 무를 보여주시니 무기공(無記空)에 따지므로 부정된 속에 진유(眞有)가 있다고 하셨는데, 법신무상분에 와서 다시 새로운 방향의 논리를 말씀하셨습니다.

　'부처님은 겉모양으로는 볼 수 없다'고 하셨는데, 다른 비슷한 것으로 '견주어 알 수 있지 않을까?(比知)'하는 엉뚱한 생각을 낼 수 있습니다. 마치 고향 사진을 놓고 고향에 대한 그리움을 달랠 수 있지 않을까 하는 생각입니다. 무착스님은 '부처님이 깨달으신 세계의 위의(威儀)'라고 봤습니다. 위의는 '행주좌와어묵동정(行住坐臥語默動靜)'을 말합니다. 게송에 '겉모양(色)에서 부처를 찾거나 목소리(音聲)로 부처를 구한다면'이란 구절이 있는데, 모양과 소리를 위의로 보신 것입니다.

　소명태자의 32분 제목은 '법신은 상에 있지 않다'고 해서 겉모양으로 부처님을 알 수 있지 않을까하는 세친의 질문, 부처님의 참 모습은 표현된 언어에 있지 않고, 언어 속에 내재한 평등한 법신의 정체를 알아야 한다는 무착의 설을 취합했습니다.

　저 위의 상편의 여리실견분에서 "몸매로써 여래를 볼 수 있겠느냐?"고 했을 때, 수보리는 "몸매로써 여래를 볼 수는 없습니다."라고 대답했었습니다. 그런데 여기서는(법신비상분) 부처님께서 "32상으로 여래를 볼 수 있겠느냐?"고 물었을 때 수보리는 서슴없이 "32상으로 여래를 볼 수 있습니다"라고 대답했습니다. 구경무아분 이하는 금강경 하편으로 '부정한 자리에 진정한 긍정'이 있는 대목(妙有)으로 전환되었습니다. 그러므로 32상을 떠나서 여래를 봐야한다는 생각, 다시 말해 없다는 것만 알면 안 되겠기에 '32상으로 여래를 볼 수 있다'고 대답하신 것입니다.

부처님께서는 '만일 32상으로 여래를 볼 수 있다면 전륜성왕도 여래라고 하리라.'고 말씀하셨습니다. 전륜성왕도 부처님과 같이 32상을 가지고 있으므로, 겉모양으로 여래를 볼 수 있다면 전륜성왕도 부처님으로 봐야 되겠느냐는 반문이십니다. 그때야 수보리는 잘못 알았음을 알고 "부처님의 말씀하시는 뜻을 알기로는 32상으론 여래를 보지 못하겠나이다."고 답하셨습니다. 미륵보살의 게송에는 이 부분에 대해 '겉모양(色)의 몸으로 가히 여래를 견주어 알 수 있는 것은 아니다. 부처님은 오로지 법신이므로 전륜왕은 부처님이 아니다.(非是色相身 可比知如來 諸佛唯法身 轉輪王非佛)'고 했습니다. 저는 법신의 위의, 법신의 말씀과 모습으로 보았습니다.

부처님의 깨달으신 모습은 무법가득분, 정심행선분에서 '법 없음(無法), 평등(平等), 정조(正助)가 정각(正覺)'이라고 했습니다. 법신 부처님의 위의는 '견문(見聞)으로 미치지 못하는 자리'입니다. 부정된 자리를 통해 대긍정이 있다고 하니까 법신의 세계를 '짐작, 추측'으로 알아선 안 됩니다. 그래서 게송을 통해 '모양(色)과 목소리(音聲)로 여래를 구하면 '여래를 보지 못 한다'고 하신 것입니다. 모양과 목소리는 법신의 행위, 즉 위의(威儀)입니다. 모양은 생긴 모습이고, 목소리는 말과 설법이므로 행주좌와어묵동정입니다. 법신 부처님은 말 없는 침묵으로 말씀하심으로써 중생을 제도하는 것입니다. 즉 법신은 견주어 아는 지혜로는 알 수 없고 반드시 깨달음으로 얻어야 합니다.

보리류지 스님은 4구의 게송 뒤에 다시 하나의 게송을 더 했습니다. '저 여래의 참 묘한 바탕은 즉 법신이시니 법신은 볼 수 없는지라 중생의 알음알이로는 도저히 알 수가 없느니라.(彼如來妙體 卽法身諸佛 法體不可見 彼識不能知)'고 했습니다. 법신자리는 없다고 할 수는 없지만 행여 추측으로 알려는 우를 범해서는 안 된다는 말씀입니다.

27

무단무멸분
無斷無滅分

단도 없고 멸도 없다

> **세친스님의 의문 23**
> 그렇다면 부처의 과위는 복덕과는
> 아무런 관계도 없지 않을까?

須菩堤 汝若作是念 如來不以具足相 故得阿
수보리 여약작시념 여래불이구족상 고득아

耨多羅三藐三菩提 須菩堤 莫作是念 如來
녹다라삼먁삼보리 수보리 막작시념 여래

不以具足相 故得阿耨多羅三藐三菩提 須菩堤
불이구족상 고득아녹다라삼먁삼보리 수보리

汝若作是念 發阿耨多羅三藐三菩提心者 說諸
여약작시념 발아녹다라삼먁삼보리심자 설제

法斷滅 莫作是念 何以故 發阿耨多羅三藐三
법단멸 막작시념 하이고 발아녹다라삼먁삼

菩提心者 於法不說斷滅相
보리심자 어법불설단멸상

『수보리야, 네가 생각하기를 '여래는 거룩한 몸매를 갖춘 탓으로 아뇩다라삼먁삼보리를 얻는 것이 아니라'고 하겠느냐? 수보리야, 여래가 거룩한 몸매를 갖춘 탓으로 아뇩다라삼먁삼보리를 얻는 것이 아니라고 생각하지 말라.

수보리야, 너는 혹시 생각하기를 '아뇩다라삼먁삼보리의 마음을 낸 이는 모든 법이 아주 없다고 말하리라'하느냐? 그런 생각을 말지니 무슨 까닭이겠는가? 아뇩다라삼먁삼보리의 마음을 낸 이는 법에 대하여 아주 없는 것이라고 말하지 않느니라.』

월운 노스님 강설

　얻은 바가 없음으로 얻으셨다고 하는 말씀에 집착되면 안됩니다. 무단무멸분은 단도 없고 멸도 없다는 뜻입니다. 무단무멸분의 끊을 단(斷)과 멸할 멸(滅)을 합치면 단멸(斷滅)이란 말이 됩니다. 단멸(斷滅)이란 지금도 미래도 영원히 아무것도 없다는 뜻입니다. 단멸의 반대는 상견(常見)으로 영원하다는 견해입니다. 철저히 무상하다는 주장(斷見)과 영원하다는 주장(常見)의 구렁텅이에 빠지는 것을 경계한다고 했습니다.

　법신비상분에서 '오고 감이 없는 법신의 참모습'을 말하고 나니 '아무것도 없는 것이 부처인가?'하는 문제가 생깁니다. 무단무멸분에서는 법신은 단멸이 아니란 것을 말하고자 합니다. 상을 떠나라고 했지만 상을 떠나 단멸에 빠질 것을 우려해서 다시 말씀하신 셈입니다. 참 부처님은 '말과 모양과 빛깔에 있지 않다'고 현실을 부정하고 나니, 아무것도 없는 것이 부처인가 하고 착각할 수 있습니다. 이것은 금강경을 잘못 이해한 결과입니다.

　금강경 사구게에 '모든 상이 상 아닌 줄 알면 곧 여래를 보리라'는 대목 중 우리는 '모든 상이 상 아닌 줄 알면'이라는 부분을 착각하고 있습니다. '모든 상이 상 아닌 줄 알 때' 여래를 보는 기능이 돋아나야 하는 것입니다. 여래를 어디서 만나게 될까요? 상을 떠나서 여래가 따로 없고, 현실을 정화시키지 않고는 극락세계가 없는 것입니다.

　"여래는 거룩한 몸매를 갖춘 탓으로 아뇩다라삼먁삼보리를 얻는 것이 아니라고 하겠느냐?" 는 물음은 '부처님들이 모든 상을 부정했기 때문에 부처가 되었다고 생각하냐?'라는 의미입니다. 즉 모든 현실을 부정해서 부처가 되었다고 생각하냐는 것입니다. "여래가 거룩한 몸매를 갖춘 탓으로 아뇩다라삼먁삼보리를 얻는 것이 아니라고 생각하지 말라" 고 했습니다. 다시 말하면 부처님은 상을 떠나서는 부처가 될 수 없다는 말씀입니다. 그동안 '모든 상이 상 아닌 줄 알면 곧 여래를 보리라'고 하셨지만 현실을 떠나서 진리가 있다고 생각하지 말라는 뜻입니다.

현실을 부정할 때 어떤 허물이 생기는 걸까요? 모든 법이 아주 끝내 없다고 생각하는 것은 외도의 단멸견입니다. 자기 수행만 생각하거나 현실을 부정해야 진리를 만날 수 있다고 생각한 소승 수행자들은 어서 죽어서 열반에 들기를 원했습니다. 그래서 바쿠아 강변에 모여 '활인공덕(活人功德)'을 짓자고 서로 죽이고 죽었습니다. 어서 이 몸을 버리고 죽어 열반에 들면 나도 좋고, 죽여주는 사람은 나를 열반에 빨리 가게 해주는 공덕을 쌓아 좋다고까지 현실을 부정한 것입니다. 이를 보고 일반 사람들이 불제자는 살생이 심하다고 비방하게 되자 부처님께서 '산목숨을 죽이지 말라(不殺生)'는 계율을 제정하시는 연고가 되었습니다.

"아뇩다라삼먁삼보리의 마음을 낸 이는 법에 대하여 아주 없는 것이라고 말하지 않느니라."고 말씀하셨습니다. 상에 집착하지 말라는 말로 모든 것을 쉬는 것이 좋은 일이라 생각하지 않는 것입니다. 단멸(斷滅)의 소견에 떨어져서 현실을 무시하면 마음을 낸 이는 법에 대하여 아주 없는 것이라고 말하지 않느니라.'고 하신 말씀과 충돌합니다. 아주 없는 것이 아니기 때문에 무량한 청정복을 닦게 되고 다함없이 중생을 제도하는 원력으로 승화되는 것입니다.

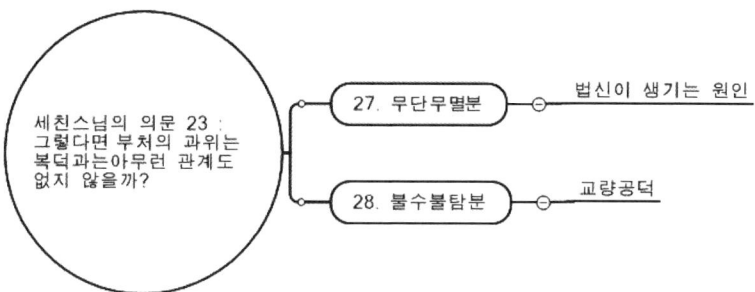

28

불수불탐분
不受不貪分

받아들이지도 않고
탐하지도 않는다.

須菩堤 若菩薩 以滿恒河沙等世界七寶
持用布施 若復有人 知一切法無我 得成於忍
此菩薩 勝前菩薩所得功德 何以故 須菩堤
以諸菩薩 不受福德故 須菩堤白佛言 世尊
云何菩薩 不受福德 須菩堤 菩薩 所作福德
不應貪着 是故說 不受福德

『수보리야, 만일 어떤 보살이 항하의 모래 수효 같이 많은 세계에 칠보를 가득히 채워 보시하더라도, 다른 사람이 온갖 법이 '나'없는 줄 알아서 확실한 지혜(忍)를 이룬다면 이 보살은 저 보살의 공덕보다 썩 나으니 수보리야, 모든 보살들은 복덕을 받지 않기 때문이다.』
수보리가 부처님께 사뢰었다.
『세존이시여, 어찌하여 보살이 복덕을 받지 않나이까?』
『수보리야, 보살들은 지은 복덕을 탐내거나 고집하지 않아야 하므로 복덕을 받지 않는다 하느니라.』

금강경은 구경무아분을 기점으로 전반부와 후반부로 나뉘어 진다고 했습니다. 전반부가 서울길을 떠나는 사람들에게 가는 길을 알려주는 예비지식이라고 한다면, 구경무아분 이후는 실제로 서울에 와서 듣던 이야기를 확인하는 것이라고 할 수 있습니다. 진공묘유의 관점에서는 전반부는 부정이 중심이 되고 후반부는 부정한 이면에 존재하는 것을 포착해야 된다는 취지입니다. 그런 면에서 무단무멸분과 불수불탐분은 가히 정점이라고 할 수 있습니다.

　이 부분을 역대 대종사들은 법신의 구성요건이라고 보았습니다. 법신은 논리적으로 언급이 불가능 하지만, 논리로 해설이 되어야 합니다. 법신은 눈에 보이지 않고 있는 곳이 없지만 두루한 존재입니다. 화엄경 여래출현품에도 '부처님의 몸이 법계에 충만하다(佛身充滿於法界)'라고 했습니다. 그러므로 우리 눈에 안 보인다고 해서 없다고 보아서는 안됩니다. 겉모양과 음성에 집착하지 말라는 것에 끄달려서 법신이 계시다는 것을 망각한다면 모든 것을 포기하고 무기공(無記空)에 빠져 무력화되게 됩니다. 현실에 초연하라고 가르치신 말씀을 액면 그대로 받아들여 현실을 무시해서는 안될 것입니다.

　금강경이 말하고 싶은 것은 서울 구경얘기를 하려는 것이 아니고 서울에 도착시키기 위함입니다. 법신의 정체를 바로 알고 어디서나 두루 하신 부처님을 만나게 하기 위함입니다. 이 부분을 세친스님은 '과위에 올라도 복덕이 없는 것 아니냐?'는 질문을 걸어 놓았습니다. '상을 부정할 때 복덕을 잃는다'고 했지만 '상을 부정하지 않으면 복덕이 이루어지지 않는다'고 했습니다. 그래서 '아뇩다라삼먁삼보리의 마음을 낸 이는 모든 법이 아주 없다'고 하지 않고, 현실 하나하나를 더 소중히 하고 가꾸는 것입니다. 눈 먼 아나율 존자가 자기를 위해 바늘귀를 꿰어주는 복을 지을 사람을 찾자 부처님께서는 눈 먼 아나율 존자의 바늘귀를 친히 꿰어 주시면서 자신도 복을 짓겠다고 하셨습니다.

불수불탐(不受不貪)은 '받아들이지도 않고 탐하지도 않는다'는 뜻입니다. 불수(不受)는 '얻은 바가 없다'는 말입니다. '얻은 바가 없다'는 말씀은 무득무설분, 구경무아분, 무법가득분에 이어 여기서 다시 언급하셨는데, 앞의 것과는 다르게 '얻은 바가 없는 진정한 모습'을 보여주기 위해 말씀하시고 있습니다.

불수불탐분은 이런 논리적 맥락 속에서 '법신이 무단무멸한 자리'에서 법신을 발견해야 된다고 이해해야 하고, 이 거룩한 법문에 대해 교량공덕을 말씀하신 내용입니다. 앞의 지경공덕분 등의 교량공덕은 '많은 보시를 해도 사구게 외운 공덕만 못하다는 내용인데, 이 부분은 법신이 무단무멸의 존재임을 알아본다면 보시한 보살보다 공덕이 많다고 해서 앞에서 말한 교량공덕과는 다릅니다. 즉 이 대목은 무단무멸분을 찬탄하기 위한 교량공덕이라고 할 것입니다.

항하의 모래 수효 같이 많은 세계에 칠보를 가득히 채워 보시한 것보다 "온갖 법이 '나'없는 줄 알아서 확실한 지혜(忍)를 이룬다면 이 보살은 저 보살의 공덕보다 썩 낫다"고 하셨습니다. 여기서 참을 인(忍)은 '확실한 지혜'로 새겨야 합니다. '이 보살'은 '확실한 지혜(忍)'를 얻은 보살이고 '저 보살'은 '칠보로 보시한 보살'입니다.

수보리 존자는 "세존이시여 어찌하여 보살이 복덕을 받지 않나이까?"라고 물었습니다. 복덕의 내용은 크게 두 가지로 나누어 볼 수 있습니다. 하나는 일체법이 아(我)가 없는 것을 알고 지혜를 얻은 복덕(得忍故不失)이고, 또 하나는 복을 받아들이지 않기 때문에 복덕이 있다는 것(不受故不失)입니다. 이 두 측면을 놓고 말할 때 "법을 올바로 알면 불과(佛果)에 오르고, 불과에 오르고 나면 복을 받아들이지 않으므로 복덕이 없어지는 것은 아니다"라고 세친스님의 의문에 대한 대답하신 것입니다.

세친스님의 의문은 '부처님의 과위는 무위의 경지이고, 복덕은 유위의 경지이다. 유위에서 무위로 들어갈 때 유위는 다 버려지므로 부처님에게 복덕은 없는 것 아닌가? 그런데 부처님이 만덕이 장엄했다는 것은 모순이 아닌가?'하는 것이었습니다. 부처님이 되신다는 것은 일체법이 무아한 줄 알고 지혜를 얻는 것이니 복덕이고, 복을 스스로 받아들이지 않으므로 무위의 과위에서도 유위의 복덕을 지닐 수 있다고 한 것입니다. 즉 단순한 유위의 복이 아니라 유위의 복이 무위의 복으로 승화될 때 한량없는 복덕을 누리게 된다는 것입니다.

29

위의적정분
威儀寂靜分

위의가 매우 적정하시다

세친스님의 의문 24
화신이 나타나서 복을 받는 것 아닐까?

須菩堤 若有人言 如來 若來 若去 若坐 若臥
수보리 약유인언 여래 약래 약거 약좌 약와

是人 不解我所說義 何以故 如來者 無所從來
시인 불해아소설의 하이고 여래자 무소종래

亦無所法 故名如來
역무소법 고명여래

『수보리야, 만일 어떤 사람이 말하기를 '여래가 오기도 하고 가기도 하고, 앉기도 하고 눕기도 한다' 하면 이 사람은 나의 말한 뜻을 알지 못함이니 무슨 까닭이냐? 여래라는 이는 어디로부터 오는 일도 없고 가는 데도 없으므로 여래라고 이름하느니라.』

월운 노스님 강설

위의(威儀)는 '행주좌와어묵동정(行住坐臥語默動靜)'을 말합니다. 부처님의 행동과 몸가짐이 고요하다는 뜻입니다. 위의적정분의 개요는 법신과 화신이 같은가 다른가를 말하기 위함입니다. 본체로 봐서는 법신이고, 모양으로 봐서는 화신인 부처님의 두 측면은 동일한 분일까요? 다른 분일까요?

구경무아분에서 비설소설분까지는 화신의 세계를 말했고, 무법가득분부터 복지무비분까지는 보신의 세계를 말했습니다. 철저히 상을 여의면서도 현실기피에 물들지 말라는 중도의 세계입니다. 현실을 소중히 하자면 화신 부처님의 영역이 되고, 내면에 치중하면 보신의 영역이 될 것입니다.

무법가득분 이후 법신과 보신의 세계는 사량으로 미칠 수 없다고 했습니다. 그런데 무단무멸분에서 갑자기 법신을 말씀하시면서 "여래가 거룩한 몸매를 갖춘 탓으로 아뇩다라삼먁삼보리를 얻는 것이 아니라고 생각하지를 말라."고 했습니다. 즉 32상을 떠나서 부처가 있다고 생각하지 말라고 하십니다. 이것은 상에 의지해야 부처님이 된다는 말씀이고, 상에 의지한 것을 법신이라고 한다면, 상에 의지해 이루어진 화신 부처님과 상을 완전히 떠난 내면의 세계에 계신 법신 부처님은 동일한 것이 되어 버렸습니다. 그렇다면 상을 완전히 여읜 법신 부처님과 32상을 갖춘 화신이 다른 것인지 따져 볼 필요가 생겼습니다.

그래서 위의적정분을 말해서 화신과 법신 부처님이 같은지 다른지를 따져보게 된 것입니다. 보신을 논하지 않는 것은 중생의 입장에서 보신은 법신에 속하고 법신 입장에서 보신은 화신에 속하기 때문입니다. 부처님을 말할 때 진여가 부처님의 모습으로 나타나는 과정을 부처님이라고 하는데, 이때 부처님의 모습은 진신과 응신으로 나뉘게 됩니다. 진신은 진리 그대로를 몸으로 나타낸 부처님, 곧 법신을 말합니다.

응신은 중생이 부처님을 알아 뵙고 알아볼 수 있는 수준에 따른 모습입니다. 누군가 상대가 있어서 상대의 수준에 맞춰서 몸을 나타낸 부처님입니다. 그러다 보니 십지이상에 오르신 보살들이 뵙는 부처님 모습이 있는가 하면 우리같은 중생이 부처님을 뵙는 경우가 있습니다. 그래서 응신은 다시 승응신(勝應身)과 열응신(劣應身)으로 나뉩니다. 승응신은 십지보살 이상(以上)이 뵙는 보신이고, 열응신은 범부중생이 만나 뵙는 부처님으로 화신입니다. 중생의 입장에서 보신은 법신의 영역이고, 부처님 입장에서는 응신이므로 화신의 영역입니다. 그래서 질문을 엄밀히 바꿔보자면 진신과 응신은 동일한가라고 해 볼 수 있습니다.

"어떤 사람이 말하기를 '여래가 오기도 하고 가기도 하고, 앉기도 하고 눕기도 한다.' 하면 이 사람은 나의 말한 뜻을 알지 못함이니 무슨 까닭이냐?"라고 하셨습니다. '오기도 하고 가기도 하고, 앉기도 하고 눕기도 한다.'는 것은 행주좌와이니 부처님의 네가지 위의(四威儀)입니다. 이 말씀은 법신비상분의 "겉모양에서 부처를 찾거나 목소리로써 부처를 구한다면 이 사람은 삿된 도를 행하는지라 끝끝내 여래를 보지 못하리"라는 게송과 관련을 갖습니다. 행주좌와와 겉모양, 음성 등은 전부 가시적인 것이므로 이것으로는 부처님의 참뜻을 알지 못한다는 것입니다.

이로 볼 때 위의적정분은 여래에 관해 '잘못 아는 부분'과 '여래의 올바른 정의'부분으로 나누어 볼 수 있습니다. "여래가 오기도 하고 가기도 하고, 앉기도 하고 눕기도 한다"는 잘못 아는 부분이고 "어디로부터 오는 일도 없고 가는 데도 없으므로 여래"라는 말씀은 '여래의 올바른 정의'에 해당합니다. 여래는 법신여래와 화신여래가 있는데 잘못 알고 있는 부분은 '화신여래'이고 정의부분은 '법신여래'를 말하고 있습니다. 따라서 '여래가 오기도 하고'는 화신여래, '여래라는 이'는 법신여래를 지칭하고 있습니다. 화신여래는 도솔천에서 오셔서 마야부인에게서 태어나신 분이고, 법신여래는 적정한 자리에 붙여진 부처님입니다.

　법신과 화신은 체(體)와 상(相)의 관계로 법신입장에서 보면 법신과 화신은 같아서 '우주가 법신 부처님의 한 몸'(體)이고, 화신입장에서는 보는 사람마다 다를 수밖에(相) 없습니다. 체는 바탕이고 상(相)은 체(體) 위에서 이루어진 겉모양입니다. 금덩어리를 체라고 한다면, 금이 가락지도 되고 구슬도 된다고 하는 것이 상입니다. 상의 모습은 천차만별 하지만 금이라는 체는 변함이 없습니다. 체는 법신이요, 상은 화신입니다. 화엄경 여래현상품에 '시방세계의 중생들이 각각 말하기를 부처님이 나만 보고 말씀 하신다'고 했습니다. 중생들에게 보이는 부처님은 오고 감이 있을 수 밖에 없습니다. 경전에 보면 어떤 사람은 부처님을 장육(丈六)-16자로 봤다는 사람도 있고, 또 어떤 사람은 부처님을 키가 아주 작은 사람으로 본 사람도 있습니다. 이처럼 화신 부처님은 중생의 근기에 의해 다르게 보이는 것입니다.

　미륵게송에도 '오고 가는 것은 화신불이니 여래는 항상하여 움직이지 않는다.(去來化身佛 如來常不動)'고 해서 법신과 화신의 차이를 규명했습니다. 제 욕심 같아서는 수보리가 다시 일어나서 '부처님이시여, 이상으로써 법신, 보신, 화신의 개념을 알았는데, 법신, 보신, 화신의 관계는 같다고 해야 합니까? 다르다고 해야 합니까?'하고 물었으면 좋았다고 생각합니다.

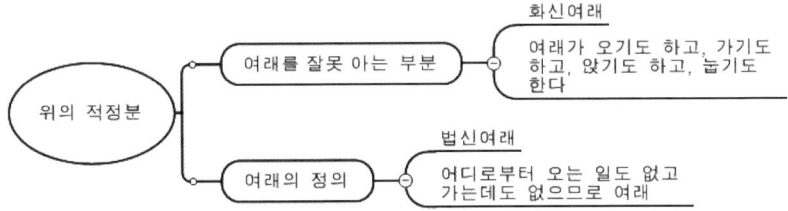

30

일합이상분
一合理相分

일합의 이와 상을 말한다

세친스님의 의문 25
법신과 화신은 같은가? 다른가?

須菩堤 若善男子 善女人 以三千大千世界 碎爲
수 보 리 약 선 남 자 선 여 인 이 삼 천 대 천 세 계 쇄 위

微塵 於意云何 是微塵衆 寧爲多不 須菩堤言 甚多
미 진 어 의 운 하 시 미 진 중 영 위 다 부 수 보 리 언 심 다

世尊 何以故 若是微塵衆 實有者 佛卽不說
세 존 하 이 고 약 시 미 진 중 실 유 자 불 즉 불 설

是微塵衆 所以者何 佛說微塵衆 卽非微塵衆
시 미 진 중 소 이 자 하 불 설 미 진 중 즉 비 미 진 중

是名微塵衆 世尊 如來所說三千大千世界 卽非世
시 명 미 진 중 세 존 여 래 소 설 삼 천 대 천 세 계 즉 비 세

界 是名世界 何以故 若世界 實有者 卽是一合相
계 시 명 세 계 하 이 고 약 세 계 실 유 자 즉 시 일 합 상

如來說 一合相 卽非一合相 是名一合相 須菩堤
여 래 설 일 합 상 즉 비 일 합 상 시 명 일 합 상 수 보 리

一合相者 卽是不可說 但凡夫之人 貪着其事
일 합 상 자 즉 시 불 가 설 단 범 부 지 인 탐 착 기 사

『수보리야, 만일 어떤 선남자 선녀인이 삼천대천세계를 부수어 티끌을 만든다면 어떻게 생각하느냐? 이 티끌이 많지 않겠느냐?』

『매우 많겠나이다. 세존이시여, 무슨 까닭인가 하오면 만일 이 티끌들이 참으로 있는 것이라면 부처님께서는 이것을 티끌들이라 말씀하시지 않으셨을 것이기 때문입니다. 그 까닭이 무엇인가 하오면 부처님께서 말씀하신 티끌들이란 티끌들이 아니므로 티끌들이라 이름하기 때문이옵니다.

『세존이시여, 여래께서 말씀하신 삼천대천세계도 세계가 아니므로 세계라 이름 하나이다. 그 까닭이 무엇인가 하오면 만일 세계가 참으로 있는 것이라면 그것은 곧 한 덩어리(一合相)가 된 것이려니와 여래께서 말씀하시는 한 덩어리는 한 덩어리가 아니므로 한 덩어리라 이름 하나이다.』

『수보리야, 한 덩어리란 것은 곧 말할 수 없는 것이거늘 다만 범부들이 그것을 탐내고 집착하느니라.』

월운 노스님 강설

일합(一合)이란 하나로 합친다는 뜻입니다. 묘행무주분에서 '무주상보시'를 하라고 했습니다. 위의적정분과 일합이상분은 법신과 화신의 관계를 정립하는 부분입니다. 위의적정분에서는 '같은 것이기도 하고 다른 것이기도 하다'고 했는데, 일합이상분은 같은 말씀이지만 각도를 좀 달리해서 '같은 것도 아니고 같은 것도 아니다'라고 했습니다.

위의적정분에서는 법신과 화신을 '체상(體相) 관계'로 보고 금과 금가락지를 비유로 들었습니다. 여기서는 '삼천대천세계'와 '먼지'의 관계를 비유로 들었습니다. 삼천대천세계를 부수면 먼지고, 먼지를 합치면(一合) 삼천대천세계라는 말입니다. 먼지와 삼천대천세계는 같은 것일까요? 다른 것일까요? 성품으로 보면 같겠지만 모양으로 보면 엄연히 다른 게 됩니다. 먼지를 법신이라고 하고 삼천대천세계를 화신이라고 보면 같다고도 다르다고도 할 수 없는 결론에 이르게 됩니다.

삼천대천세계와 먼지의 관계는 세말방편(細末方便)과 불념방편(不念

方便)으로 바라볼 필요가 있습니다. 세말방편은 어떤 굵은 사물을 잘개 쪼개서 바라보는 관찰방편입니다. 여기에 의해서 삼천대천세계를 가루로 만들면 오간데 없이 없어집니다. 불념방편은 어떤 상황을 관찰하고 초월해서 마음에 개의하지 않는 것입니다. 그래서 세말방편으로 삼천대천세계를 먼지로 만들고 불념방편으로 먼지마저 없애면 삼천대천세계도 없어지게 됩니다. 하나로 합쳐진 상(一合相)은 세계고, 하나로 합쳐진 이치(一合理)는 먼지일 것입니다. 이런 방법으로 법신과 화신은 같은 것도 아니고 다른 것도 아니라는 것을 도출하고 있습니다.

"삼천대천세계를 부수어 티끌을 만든다면 어떻게 생각하느냐?"는 세말방편입니다. 이 대목에 대해 미륵게송은 '법계의 처소에는 하나도 아니고 다른 것도 아니다.(於是法界處 非一亦非異)'고 했습니다. 법신과 화신도 같다고 말하기도 어렵고 다르다고 말하기도 어렵습니다. 같다고 말하자면 법신과 화신의 영역이 다르고, 다르다고 말하자니 법신을 떠나 화신이 나타날 수도 없고 화신을 떠나 법신을 만날 길도 없습니다.

"만일 이 티끌들이 참으로 있는 것이라면 부처님께서는 이것을 티끌들이라 말씀하시지 않으셨을 것이기 때문입니다."는 대목은 불념방편(不念方便)입니다. 먼지는 세계에서 벗어나지 않고, 세계는 먼지에서 벗어나지 않는 원칙은 정립되었습니다. 그 뒤에 불념방편으로 먼지를 잊어버립니다. 어떻게 먼지를 잊어버릴까요? "만일 이 티끌들이 참으로 있는 것이라면 부처님께서는 이것을 티끌들이라 말씀하시지 않으셨을 것이기 때문입니다."라고 했습니다. 먼지가 많은 것은 사실이지만 제일의제에는 먼지가 없으므로 초월해 버리는 불념방편으로 먼지를 잊게 됩니다. "티끌들이란 티끌들이 아니므로 티끌들이라 이름하기 때문", "삼천대천세계도 세계가 아니므로 세계라 이름 하나이다"란 대목도 모두 불념방편입니다.

먼지가 모여서 세계가 되는 원리가 제일의제에는 있을 수 없으므로 '한 덩어리는 한 덩어리가 아니므로 한 덩어리라 이름하나이다'라고 했습니다. 먼지와 세계처럼 법신과 화신관계도 같지 않은데 같다고 하고, 다르지 않은데 다르다고 하므로 참모습을 제대로 보지 못한다는 뜻입니다. "한 덩어리란 것은 곧 말할 수 없는 것이거늘 다만 범부들이 그것을 탐내고 집착하느니라."부분은 수보리를 인정해 주시는 말씀입니다. 말할 수 없다는 것은 언어의 영역에 속하지 않다는 뜻인데, 범부들은 분별의 마음으로 집착, 한쪽으로 귀결되기를 바라는 셈입니다.

무주상보시에 의해 얻어지는 부처님의 세계가 무주열반이라고 하는데, 여기가 무주열반(無住涅槃)을 보인다고 했습니다. 여리실견분에서 사구게가 나왔습니다. '모든 상이 상아님을 알면 여래를 본다'고 했는데, 유위법뿐만 아니라 출세간법도 여의어야 한다는 것, 부처님의 세계에 이르러서도 '이것이 부처님이란 생각'에 구애되지 않아야 된다는 것을 의미합니다. '모든 상이 상아님'을 알고 만나는 참부처님이 바로 무주열반(無住涅槃)입니다. 무여열반(無餘涅槃)과 혼동하기 쉬운데, 무여열반은 생사윤회가 끝난 것을 말하고, 무주열반은 무에도 유에도 집착하지 않는 열반입니다. 그래서 법신과 화신은 같은 것인지 다른 것인지 물었을 때 법신과 화신은 같지도 다르지도 않다고 결론 나게 됩니다.

31

지견불생분
知見不生分

지견을 내지 말라

須菩堤 若人言 佛說 我見 人見 衆生見 壽者見
수보리 약인언 불설 아견 인견 중생견 수자견

須菩堤 於意云何 是人解我所說義不 不也 世尊
수보리 어의운하 시인해아소설의부 불야 세존

是人 不解如來所說義 何以故 世尊說 我見 人見
시인 불해여래소설의 하이고 세존설 아견 인견

衆生見 壽者見 卽非我見 人見 衆生見 壽者見
중생견 수자견 즉비아견 인견 중생견 수자견

是名 我見 人見 衆生見 壽者見
시명 아견 인견 중생견 수자견

『수보리야, 어떤 사람이 말하기를 '부처님이 아견, 인견, 중생견, 수자견을 말씀하셨다.' 한다면 수보리야, 어떻게 생각하느냐? 이 사람이 내가 말하는 뜻을 안다 하겠느냐?』

『세존이시여, 이 사람은 여래께서 말씀하신 뜻을 알지 못하옵니다. 무슨 까닭인가 하오면 세존께서 말씀하신 아견, 인견, 중생견, 수자견은 아견, 인견, 중생견, 수자견이 아니므로 아견, 인견, 중생견, 수자견이라 이름하나이다.』

월운 노스님 강설

지견불생분은 '지견을 내지 말라'는 뜻입니다. 위에서 법신과 화신의 동일성 문제를 말씀했는데, 그러면 법신과 화신을 뭐라고 말해야 할까요? 법신과 화신의 관계를 지견으로 따지지 말라고 했습니다. 세친스님은 이 대목을 역시 '법신과 화신은 같은가 다른가?'에 대한 의문의 연속으로 보았습니다. 위의 일합이상분은 '삼천대천세계'와 '먼지'와의 관계를 비유로 법신과 화신이 같은지 다른지 따지지 말라고 했고, 이 부분은 아집과 법집을 제거하고 보면 법신과 화신이 같은지 다른지를 알게 될 것이라고 말하고 있습니다. 즉 아집과 법집을 닦아서 버림으로써 법신과 화신이 같은지 다른지에 대한 답을 스스로 알게 하신 부분입니다.

제 생각에 우리는 무엇인지 똑떨어지게 알고 싶어 하는데, 이것을 지견(知見), 사량분별(思量分別)이라고 합니다. 그런데 이 지견을 내지 말라는 것이 지견불생견의 취지입니다. 지견에는 아집의 지견과 법집 지견이 있습니다. 아집은 내가 있다고 생각해서 내는 집착이고, 법집은 내가 일정한 법을 얻었다는 집착입니다. 부처님을 알기 어렵다고 하니까 사량분별을 내서 이것이 부처님이라는 생각을 내게 되는데, 이것이 곧 지견입니다. 결론적으로 위의적정분과 일합이상분에서 이루어진 법신과 화신의 동일성 여부에 대해 똑떨어지는 정답을 얻고 싶다는 사람들에게 '그런 생각을 쉬라'는 말씀입니다.

옛날 어느 선사에게 유명한 학자가 찾아와서 "수미산에 겨자씨를 넣는다는 말도 있고, 겨자씨에 수미산을 넣는다는 말을 들었습니다. 수미산에 겨자씨를 넣는다는 것은 이해가 됩니다만 수미산을 겨자씨에 넣는다는 말은 이해가 안갑니다" 고 물었습니다. 선사는 "당신은 키가 작은데 어떻게 만권이나 되는 책을 몸 어디다 넣었습니까?" 하고 대답했습니다. 학자는 또 "불법은 어떻게 해야 바로 알겠습니까?"하고 물으니, 선사는 주먹을 들어 보여 주었다고 합니다. "잘 모르겠습니다"고 하니 "주먹도 모르냐"고 했다고 합니다. 이처럼 학자가 주먹을 들어 보였을 때, 무슨 신비한 무슨 뜻이 있을 거라고 생각해서 대답을 못했다고 할 때, 그 생각이 바로 지견에 해당합니다. 이처럼 지견을 가지고 있으면 부처님을 만날 수가 없습니다. 어떻게 여래를 봐야 바로 볼 수 있을까요? 법신과 화신이 같은지 다른지 지견을 가지면 여래를 볼 수 없습니다.

그래서 부처님께서는 "어떤 사람이 말하기를 '부처님이 아견, 인견, 중생견, 수자견을 말씀하셨다.'고 한다면 수보리야, 어떻게 생각하느냐? 이 사람이 내가 말하는 뜻을 안다 하겠느냐?"고 말씀하셨습니다. 부처님은 아견, 인견, 중생견, 수자견을 말씀하신 분이라는 지견을 내면, 그 사람은 바로 알아볼 수 없다는 것입니다. "아견, 인견, 중생견, 수자견은 아견, 인견, 중생견, 수자견이 아니므로" 이하는 제일의제와 세속제의 관계입니다. 결국 부처님은 세속제의 영역에서 만나 뵐 수 없으므로, 수보리 존자는 부처님을 만나려면 아견, 인견, 중생견, 수자견이 떨어진 자리에서 만나 뵐 수 있다고 말씀하셨습니다.

須菩堤 發阿耨多羅三藐三菩提心者 於一切法
수 보 리 발아뇩다라삼먁삼보리심자 어일체법

應如是知 如是見 如是信解 不生法相 須菩堤
응 여 시 지 여 시 견 여 시 신 해 불 생 법 상 수 보 리

所言法相者如來說 卽非法相 是名法相
소 언 법 상 자 여 래 설 즉 비 법 상 시 명 법 상

『수보리야 아뇩다라삼먁삼보리의 마음을 낸 이는 온갖 법에 대하여 마땅히 이렇게 알며 이렇게 보며 이렇게 믿고 해석하여 법상을 내지 않느니라, 수보리야, 법상이라 하는 것은 여래가 말하기를 법상이 아니므로 법상이라 하느니라.』

아뇩다라삼먁삼보리의 마음을 냈다는 것은 대승의 마음을 냈다는 것인데, 이것은 두 가지로 나눌 수 있습니다. 하나는 '자기 자신이 성불해야겠다는 발원(上求菩提)'이고 또 하나는 '일체중생을 제도하겠다는 발원(下化衆生)'입니다. 이런 사람은 "온갖 법에 대하여 마땅히 이렇게 알며 이렇게 보며 이렇게 믿고 해석하여 법상을 내지 않느니라,"고 하셨습니다. 온갖 법이란 자신에 관한 문제, 남에 관한 문제, 유루와 무루의 세계 등을 말합니다. '이렇게(如是)'란 말은 아래와 같이 라는 의미입니다. 묘행묘주분에서도 '아뇩다라삼먁삼보리의 마음을 낸 이는 이와 같이(如是) 마음을 내라'고 하셨습니다. '법상'을 일단 법집이라고 보았습니다. 법집이란 자기가 얻은 법을 고집하는 것입니다. 아라한이 아라한의 도를 얻었다고 하는 경우입니다. 아집은 자기를 내세우지만 법집은 수행해서 얻은 것을 마음속으로 자부하는 것입니다.

법집을 내지 말아야 되는 이유는 법상이란 것은 알고 보면 없는 것이기에 "법상이라 하는 것은 여래가 말하기를 법상이 아니므로 법상이라 하느니라."고 하셨습니다. 제일의제로 돌아가기 위해서는 법상을 버려야 하기 때문입니다. 법상이 없어야 제일의제가 되고 제일의제가 바로 부처님의 마음이요, 부처님의 자리입니다. 그 자리에 돌아가면 비로소 활동하는 화신과 그 이면의 법신과의 관계를 이해할 수 있기에, 법신과 화신과의 관계가 같은지 다른지를 자신있게 말 할 수 있습니다. 제일의제 자리를 알지 못하면 아무리 떠들어도 지견에 머무르고 마는 것입니다. 선문에도 '이 문안에 들어오는 사람은 지해를 남겨 두지 말라(入此門來 莫存知解)'는 말이 있습니다. 이때 지해(知解)는 곧 지견입니다.

　금강경 첫머리의 법회인유분에서 '자리를 펴고 단정히 앉으셨다'란 대목에서 법문이 끝났다는 말씀을 드린 적이 있습니다. 부처님이 앉으신 모습을 보고 수보리 존자가 '희유하십니다'하고 말문을 열어 질문하면서 금강경 법문이 시작되었습니다. 수보리는 지견이 없는 아라한이 이었으므로 '지견을 떠난 부처님'의 참모습을 만날 수 있었습니다. 금강경을 상하권으로 나누면 법회인유분에서 능정업장분까지는 모든 상을 여의는 사구게중 '제상비상(諸相非相)'을 말했고, 구경무아분부터는 '즉견여래(卽見如來)'를 말씀하셨습니다. 여기 지경불생분에서 말하는 세계는 다시 원점으로 돌아가서 수보리 존자가 질문하기 전인 '법회인유분'의 '자리를 펴고 단정히 앉으셨다'는 세계를 설명하고 있다고 전하고 있습니다.

32

응화비진분
應化非眞分

응신과 화신은
참이 아니다

세친스님의 의문 26
화신의 설법은 복이 없지 않을까?

須菩堤 若有人 以滿無量阿僧祇世界七寶 持用
수 보 리 약 유 인 이 만 무 량 아 승 지 세 계 칠 보   지 용

布施 若有善男子 善女人 發菩薩心者 持於此經
보 시 약 유 선 남 자 선 여 인 발 보 살 심 자 지 어 차 경

乃至 四句偈等 受持讀誦 爲人演說 其福勝彼
내 지 사 구 게 등 수 지 독 송 위 인 연 설 기 복 승 피

云何爲人演說 不取於相 如如不動
운 하 위 인 연 설 불 취 어 상 여 여 부 동

『수보리야, 어떤 사람이 한량없는 아승지 세계에 칠보를 가득히 쌓아두고 보시하더라도 다른 선남자 선녀인으로서 보살 마음을 낸 이가 이 경에서 사구게만이라도 받아 지니고 읽고 외우고 남을 위하여 일러주면 그 복이 저 보시한 복보다 더 나으리라. 어떻게 남을 위하여 일러주는가? 모양 다리에 국집하지 않고 항상 여여(如如)하여 움직이지 않아야 하느니라.』

월운 노스님 강설

응화비진분은 '응신과 화신은 참이 아니다'란 뜻입니다. 응신과 화신의 관계는 앞에서 잠깐 언급한 바 있습니다. 부처님은 진신과 응신으로 나눌 수 있는데, 진신은 부처님의 법신이고, 진신이 누군가를 위해 나타나신 모습을 응신이라고 합니다. 응신은 십지보살이상에게서 나타나는 승응신(勝應身)-보신, 범부중생에 나타나는 열응신(劣應身)-화신으로 나뉩니다. 따라서 응화비진분의 제목에 나오는 응신은 승응신- 보신으로 봐야 합니다. 장엄염불에도 '보화비진요망연(報化非眞了妄緣) 법신청정광무변 (法身淸淨廣無邊)'이라고 했는데, 보신과 화신은 법신이 아니란 뜻이 됩니다. 소명태자는 응신과 화신은 참이 아니므로 법신을 추구하라'는 취지로 '응화비진분(應化非眞分)'이라 이름한 것 같습니다. 응화비진분은 '긴 글로 된 부분-장행(長行)'과 '게송' 부분으로 구성되어 있습니다. 여리실견분, 화무소화분에 이어 3번째 게송이 등장하고 있습니다.

세친스님은 '화신의 설법은 복이 없지 않을까?(化身說法無福疑)'라고 했습니다. 보신 부처님의 명호는 노사나불이고 화신 부처님의 명호는 석가모니불인데, 우리는 석가모니 부처님의 설법을 듣고 있습니다. 윗 대목에서 법신과 화신의 관계를 말하면서, 화신은 법신의 나타난 현상일 뿐이라고 했습니다. 부처님께서 경을 읽으면 복이 된다고 말씀하셨지만, 보신 부처님의 경을 읽어야 복이 되는 것이지 화신 부처님의 경을 읽으면 소용없을 것 아니냐는 의문입니다. 여기에 대해 오종법사(신해, 수지, 독송, 서사, 위인해설)의 역할만 한다면 말씀자체는 화신 부처님이 설하셨지만 공덕이 된다고 보았습니다.

경문의 내용을 보면 11번째 나오는 찬탄-교량공덕(校量功德)입니다. '모양 다리에 국집하지 않고 항상 여여(如如)하여 움직이지 않아야 하느니라'는 설법하는 모습입니다. 이를 불념설법(不念說法)이라고 합니다. 설법을 하는 이가 마음속으로 칭찬을 받고자 하거나 이익, 보답을 생각하면 오염설법(汚染說法)입니다. 그동안은 사구게를 지니거나 남을 위해 설해주면 좋다고 하셨는데, 여기서는 남을 위해 설해주는 자세를 말씀하셨습니다. 저는 세친스님의 견해보다는 앞에서 언급한 '지견을 내지 말라'는 말씀이 너무 좋아서 남에게 일러 줄 때 상을 취하지 않고 여여부동하면 공덕이 무량하다는 교량 공덕이라고 보고 있습니다.

세친스님의 의문 27
적멸에 들면 어떻게 설법하나?

何以故 一切有爲法 如夢幻泡影 如露亦如電
하 이 고 일 체 유 위 법 여 몽 환 포 영 여 로 역 여 전

應作如是觀
응 작 여 시 관

『무슨 까닭인가? 온갖 유위의 법은 꿈같고, 그림자 같고, 꼭두각시같고, 거품같으며, 이슬같고, 번개같으니, 이러한 것임을 관찰하여라.』

월운 노스님 강설

앞 대목은 장행부분에 해당하고 이 부분부터는 게송부분입니다. 응화비진분에는 세친스님은 "적멸에 들면 어떻게 설법하나?"라고 했습니다. 법을 제대로 설하는 사람은 외형적 요건에 관심을 갖지 말고 '여여'하게 설해서 움직이지 말아야 한다고 했습니다. 여기에 대해 '무슨 까닭인가?' 하고 물으면서 향방이 좀 달라집니다. 여여하게 움직이지 않는 것은 있는 그대로 말하고 수행하는 것입니다. 구체적으로 묘행무주분에서 "보살은 일체중생을 제도하면서 제도한다는 생각이 없어야 한다."고 했습니다.

색에도 머물지 말고 소리에도 머물지 말고, 어떠한 상에도 머물지 말라고 했는데, 여기에 와서는 '항상 여여(如如)하여 움직이지 않아야 하느니라.'라고 했습니다. 왜 여여하게 움직이지 말아야 하는 것일까요? 우리 주변을 형성하는 것은 유위법인데, 이런 것들은 모두 꿈, 그림자, 꼭두각시, 이슬, 번개처럼 영구성이 없는 것입니다. 따라서 유위법을 버리고 '여여부동'해야 하는 것입니다.

그렇다면 지금까지 5,674자를 소요해서 경을 설하셨지만, 일체가 허깨비 같다면 경초에 '부처님이 자리를 펴고 앉으셨다.'는 대목으로 돌아가게 됩니다. 장행부분은 어디에도 집착하지 말라는 말씀이고, 게송 부분은 상과 형식을 완전히 벗어나 자리를 펴고 앉으셨을 때의 '거룩한 모습'으로 돌아가는 것이 부처님의 '말없는 설법'이란 것입니다.

응화비진분은 말 있는 설법으로는 무주상설법, 말없는 설법으로는 일체법을 허깨비로 보고 묘한 지혜로 관찰하는 일이 됩니다. 미륵게송은 아홉가지 유위법을 묘한 지혜로 바로 보라(九種有爲法 妙智正觀故)'고 했습니다. 통상 허망한 것들의 사례로 별, 눈어리(翳), 등불, 꿈, 꼭두각시, 그림자, 거품, 이슬, 번개의 9가지를 들고 있는데, 여기서는 6가지만 들었습니다. 허망한 것을 묘한 지혜로 관찰한다면 모든 상에 집착하지 않고 여여부동 할 수 있다고 했습니다.

 상을 부정한 뒤 부정된 상에 물들지 않고 진공 뒤에 묘유를 잘 포착해야 올바른 설법이라 할 것입니다. 화신의 설법의 자세는 유위법이 허망한 줄 알고, 허망한 것에 집착하지 않으면서 허망한 중생을 성불케 하는 것입니다. 화엄경 10회향 품에서도 '일체중생이 하는 허망한 말에 집착하지 않게 해주시고, 중생의 허망한 말 하나하나를 외면하지 않게 해 주소서'라고 보살은 이렇게 발원하라고 했습니다.

 금강경은 어쩌면 이 대목을 말하기 위해서 설해졌을지도 모른다고 생각합니다. 일체 유위법이 허망한 줄 알면서도 허망함에 물들지 않고, 허망한 줄 안 뒤에는 그들을 버리지 않고 그들에게 들어가서 어떻게 설법해야 할까요? 그들에게 집착하지 않고 설법하기 위해서는 '묘한 지혜(妙智)'가 필요하게 됩니다.

 금강경은 부처님이 '자리를 펴고 앉으셨을 때'의 모습을 설명하는 것이라고 했는데, 금강경의 맨 마지막에 하고 싶은 말씀이 들어 있는 것은 아닌가 생각해 봅니다. 세상사가 허무하므로 손을 뗀다면 부처님 말씀은 중생들에게 아무런 도움을 줄 수 없습니다. 허무를 분명히 알게 해주시고 중생들의 허망한 말에 끄달리지 않지만 그들의 허망한 말을 외면치 않게 해주십사하는 것이 이 대목이 강조하는 보살의 설법자세이자, 부처님을 만나게 하는 자세입니다. 부처님이 이 경을 설하시기 위해 앉으셨을 때 수보리 존자가 본 거룩한 지혜일 것입니다.

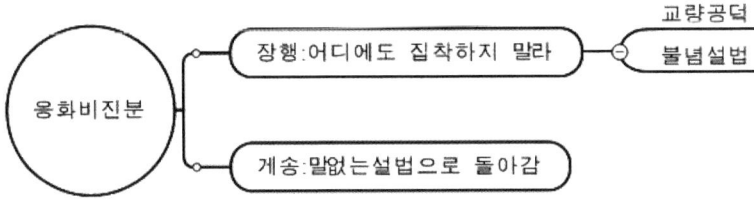

III 유통분

佛說是經已 長老 須菩堤 及諸比丘 比丘尼
불 설 시 경 이 장 로 수 보 리 급 제 비 구 비 구 니

優婆塞 優婆夷 一切世間 天人 阿修羅 聞佛所說
우 바 새 우 바 이 일 체 세 간 천 인 아 수 라 문 불 소 설

皆大歡喜 信受奉行
개 대 환 희 신 수 봉 행

『부처님께서 이 경 말씀하시기를 마치시니 장로인 수보리와 여러 비구, 비구니와 우바새, 우바이와 여러 세계의 하늘 사람과 세상 사람과 아수라들이 부처님의 법문을 듣고 모두들 매우 즐거워하면서 믿고 받들어 행하였다.』

월운 노스님 강설

처음 경을 말씀하실 때는 큰 비구 천이백오십인(千二百五十人)만 말씀하셨고, 비구니, 우바새, 우바이, 하늘 무리, 아수라들은 말씀하지 않으셨습니다. 이에 대해 옛 분들은 전후영락(前後影略)이라고 했습니다. 앞뒤에 같은 말씀이 있어야 하지만 앞에 든 것은 뒤에서 생략하고 앞에 생략된 것은 뒤에 나오게 하는 방법입니다.

| 결 어 |

금강경 강의를 끝내며

　금강경은 '상을 취하지 말고 여여부동(如如不動)하라'고 했습니다. 이 말씀을 오늘의 우리는 어떻게 받아들여야 할까요? 현상은 무상하다란 말에 국한될 것이 아니라 무상함 속으로 과감히 뛰어 들어야 합니다. 불제자들은 내 마음 편하기 위해 절에 다닌다는 것에 안주하지 말고 불제자로써 나가야 할 길과 이유를 정립해야 한다고 생각합니다. 다시 말해 내가 왜 불제자인가에 대한 질문을 던지고 대답을 찾아가는 일이 금강경이 우리에게 요구하는 가르침이 아닐까 합니다.

　나는 불제자들이 초연히 허망함을 예리하게 관찰하고 허망한 세상을 버리지 않는 자비와 용기가 있어야 한다고 생각합니다. 그런 자비와 용기는 다음의 세 가지 자세 속에서 실천되어야 할 것입니다.

첫째, 우리는 불제자이면서 국민적 의무가 있습니다. 모든 것이 무상하다고 해서 국민 된 도리를 저버려서는 안될 것입니다. 허망할수록 허망한 것에 집착하지 말고 돈도 많이 벌고 세금도 많이 내고 나라에 도움 되는 방법도 제시해야 합니다.

둘째, 우리는 불제자이면서 교단적 의무가 있습니다. 교단의 일원으로 다니는 절의 주지스님이 잘못한 것이 있으면 지적하고, 도반들의 경책도 받아들여야 합니다. 들판에 혼자 자라는 쑥대처럼 클 것이 아니라 솔밭의 빽빽한 소나무처럼 의지하면서 교단의 일원으로서의 의무를 다해야 합니다. '거룩한 스님들께 귀의한다'는 것은 출가한 스님들에게 귀의한다는 의미뿐만 아니라 정법을 배우는 불교 교단에 귀의한다는 뜻입니다. 집단에 속하는 사람들이 잘못된 행동으로 누를 끼치는 경우가 있습니다. 하나하나 자기 자리를 지키는 것은 교단의 권위를 세우고 많은 사람들에게 좋은 평가와 귀의처가 되게 해 줍니다. 우리 교단의 문제가 무엇인가를 생각하고 교단의 일원으로 잘못을 바로잡아야 합니다.

세 번째는 자신과 싸워내야 할 의무입니다. 결국 우리는 세상을 싸우면서 살아갈 수밖에 없습니다. 많은 싸움 중에 자기 자신과의 싸움이 제일 어렵다고 합니다. 결국 수행이란 자기 자신과의 싸움 아니겠습니까? 금강경 32분의 내용을 한마디로 한다면 '내로라'하는 생각을 버리라는 것입니다. '내로라'는 생각을 버리고 나면 자랑할 일도 없고 남에게 비굴하게 머리 숙일 일도 없습니다. 자랑이 많은 사람은 자기 자신을 과대평가하는 사람이고, 머리 숙이는 사람은 자기 자신을 포기한 사람입니다. 이것은 모두 누구나 성불할 수 있다는 부처님 가르침에 위배되는 일입니다. 자기 자신과 싸워서 나를 지나치게 내세우지 않고 비굴하지 않을 때 자기 생활의 완성이고 자기 수행의 완성일 것입니다. 인간은 누구나 무엇인가에 집착하시기 쉬우므로 공을 말씀하시고, 끝에 가서 말씀하시기 이전의 자리 펴고 묵언하고 앉으셨던 모습을 다시 묘사하셨습니다. 결국 고매한 인격이 되는 것은 언어이전의 세계에서 만나야 된다는 얘기가 될지도 모르겠습니다.

　나 자신을 비울 줄 아는 것이 대승의 첫걸음이며 대승의 전부입니다. 금강경을 대승에 들어오는 문턱(大乘始敎)이라고 합니다만 문턱이 바로 완성입니다. 화엄경에서도 '초발심시변정각(初發心是便正覺)'이라고 했습니다. 엄밀히 말하자면 시작이 바로 대승의 완성이요 성불의 길입니다. 나를 비웠을 때 모든 중생이 나와 같이 되고, 내 자신이 온 천하에 두루하게 되는 것입니다. 말로 끝날 것이 아니라 '그런 줄 알면 여여부동'하라고 하셨습니다. 여여부동하고 우리는 다시 중생 속으로 뛰어 들어야 합니다. 그러기 위해서는 국민적 의무, 교단적 의무, 자기 자신의 의무가 한결같이 행해져야 할 것입니다. 그것이 '상을 취하지 말고 여여부동'하란 부처님 말씀을 오늘에 살려낼 수 있는 길이라고 생각합니다.

| 편집후기 |

『금강경오가해(金剛經五家解)』를 해라
그게 기초다

　월운 노스님을 모시고 시자(侍子)살던 99년의 어느 날 밤이었다. 이부자리를 깔아드리고 물러나던 차에 대뜸 노스님께 절하고 어떤 경부터 공부를 하면 되냐고 여쭈었던 적이 있었다. 그때 노스님께서는 짤막하게 『금강경오가해』를 읽으라고 하셨다

　그날부터 나는 머리를 싸매고 금강경 오가해를 읽어 내려갔다. 『금강경오가해』는 금강경에 대한 부대사(傅大士), 육조(六祖), 규봉(圭峯), 야보(冶父), 종경(宗鏡)스님의 주석을 모은 책이다. 500페이지가량 되는 한문원본을 구해 공부하다보니 방대한 분량과 난해한 문장에 숨이 턱턱 막혔다. 그럴 때면 노스님께서 직접 원서를 강설해주신 금강경 오가해 테이프를 들었다.

월운 노스님은 80년대 후반 장차 실력이 부족한 후학들이 한문원전을 읽기 어려울까봐 무려 600시간이 넘는 강설을 혼자 청중도 없이 녹음하셨다. 불법의 전통이 끊기면 안 된다는 원력 없이는 불가능한 작업이었을 것이다. 전통강원에서 강의했던 이른바 금강, 능엄, 원각, 기신론의 사교(四敎)과와 도서, 서장, 선요, 절요의 사집(四集)과는 그렇게 테이프 남게 되었다.

노스님 테이프 덕분에 나는 『금강경오가해』 원문을 두어 달에 걸쳐 완독할 수 있었다. 노스님께서는 자신의 건너 방에서 시자가 매일 테이프를 듣고 공부하는 게 기특하셨는지, 어느 날 『금강경오가해』 공부는 할 만하냐고 하문하신 적이 있었다. 나는 좀 시무룩한 목소리로 잘 이해가 안 간다고 대답했던 것 같다. 강의테이프를 듣고 원문을 새겨나가기는 했지만 사실 나는 전혀 내용을 이해할 수 없었다.

"교학이란 콩나물에 물주는 것과 같단다. 콩나물 시루에 물을 주면 물이 다 밑으로 빠져 나가는 것 같지만 그래도 물기가 뿌리에 붙어 있기에 시간이 자라면 콩나물이 쑥쑥 자라는 법이다. 『금강경오가해』가 너무 어렵다면 초심자들을 위해 불교방송에서 강의한 '금강경 강의' 테이프를 먼저 듣고 차근차근 공부하도록 해봐라."

노스님께선 격려의 말씀과 더불어 특별히 본인이 설하신 '금강경 강의' 테이프를 건네 주셨다. 그때 노스님께서 권해주신 테이프를 들으면서 나는 금강경에 대한 새로운 눈을 뜨게 되었다고 생각한다.

금강경은 조계종의 소의 경전인 만큼 여러 스님들이 해설하고 강의한 책들이 많은 편이다. 그러나 엄격한 잣대를 대고 살펴보면 대부분의 금강경관련 저술은 단편적인 해설이나 신앙의 간증에 불과할 뿐 교학의 전통에 입각해서 체계적으로 저술한 책은 거의 없다고 할 수 있다. 유일하게 월운 노스님의 금강경 강의는 무착, 세친, 규봉 스님이 다져놓은 교학적 전통 속에서 전개되고 있다. 나아가 수보리가 부처님께 사뢰었던 6가지 질문을 중심으로 구조를 재편, 새로운 안목을 제시하신다.

　수보리의 질문을 중심으로 금강경 과목(科目)을 편성하면, 수보리의 첫 번째 질문인 '어디에 머무르고 어떻게 마음을 항복 받는가'란 대목이 구경무아분에서 중복출현하고 있다는 뜻밖의 문제와 부딪치게 된다. 월운 노스님께서는 여기에 대해 첫 번째 질문에서 4번째 질문까지를 상편, 5번째 질문에서 6번째 질문을 후편으로 분류해서 다른 취지로 이해해야 한다고 제시하신다. 상편은 모든 것이 공하다는 진공(眞空)의 도리, 후편은 여래의 진실한 모습인 묘유(妙有)의 모습을 말하여 보신과 법신의 공덕을 설한 것으로 파악해야만 심오한 본래의 취지에 부합한다고 역설하신다. 그렇다면 금강경이 공(空)의 이치만을 말한 경전이라고 이해하는 것은 금강경 본연의 취지와 어그러졌다고 할 수 있다. 정신이 번뜩 차려지는 법문이 아닐 수 없다.

　노스님께서는 1978년 세친스님의 27단의(段疑)에 의거, 경학에 뜻있는 학인스님들을 위해 '금강경 강화'란 책을 저술하신 적이 있었다. 그로부터 20년이 지나 교학에 뜻있는 초심자를 위해 다시 한번 불교방송을 통해 강의를 진행하셨다고 말씀하셨다. 90년대 봉선사에서 마포의 불교방송 스튜디오까지 직접 나가셔서 좋은 음질로 금강경 법문을 남기셨다는 열정이 도저히 믿어지지 않는다. 불법의 대의를 후세에 숨김없이 전해야한다는 사명감이 아니면 어려웠을 일이다. 본인은 비록 대중을 상대로 한 법문이라고 하셨지만 '금강경 강화' 저술 이후 익어갔던 세월이 덧대어져 이루어진 명법문이라 아니 할 수 없다. 부족한 견해지만 아마도 월운스님의 금강경 강의는 우리시대에 이루어진 가장 수준 높은 금강경 해설이지 않을까 감히 생각해 본다.

언젠가 돌아가신 명고스님과 노스님의 '금강경 강의' 테이프를 우리만 들을게 아니라 책으로 옮겨 세상에 내어놓자고 굳게 약속한 적이 있었다. 그러나 게으른 탓에 세월만 보내다가 명고스님이 세상을 떠나시고 나서야 뒤늦게 작업에 착수하게 되었으니 민망하기 짝이 없다. 월운 노스님의 경안(經眼)이 유감없이 드러난 이 책이 누군가에 새롭게 안목을 열어 줄 것을 믿어 의심치 않는다.

월운 노스님은 나의 등대다.

2023. 3. 혜문 拜

인생에 한번 금강경을 읽어라

초판 1쇄　　2023. 3. 7
강술　　　 월 운
편저　　　 혜 문

펴낸이　　 구진영
기획　　　 김휘겸

펴낸곳　　 금강초롱

대표전화　 02-722-1311
주　소　　경기도 의정부시 부용로 233
출판등록　 제 382-2015-00002호

이 책의 저작권은 저작권자와 출판사에 있습니다.
무단 제제와 복제를 금합니다.

ISBN　　979-11-955321-8-6
값　　　15,000원